# 크리스천의 인간관계

# 크리스천의
# 인간관계

하나님 아래서 크리스천이 행복하게 사는 법

이대희 지음

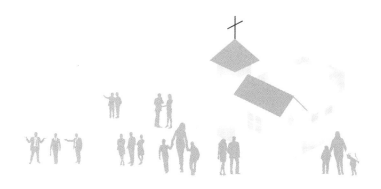

태인문화사

# 꽉 막힌 인간관계를 헐어라

이 세상에서 사람처럼 소중한 것이 없습니다. 사람만큼 아름다운 것도, 기쁨을 주는 것도 없습니다. 하지만 사람처럼 힘들고 사람처럼 추악한 것도 없습니다. 사람들은 사람 때문에 행복해 하지만 또한 사람 때문에 힘들어 합니다. 세상에 일어나는 수많은 갈등과 아픔과 고난은 모두 인간으로 인해 생기는 문제들입니다. 사람처럼 오묘한 존재도 없습니다. 알 것 같은 것이 사람의 마음이지만 또한 알다가도 모르는 것이 사람의 마음입니다. 그래서 인간관계가 가장 힘들다고 합니다.

믿음생활을 하면서 시험 드는 것을 보면 거의 인간관계 실패에서 생기는 것들입니다. 물론 이것은 하나님을 잘 알지 못하는데서 파생된 것이지만 말입니다. 하나님께서는 인간이 어떤 존재인지 성경을 통해 잘 알려주셨고 그 해결점 또한 알려주셨습니다. 그러나 인간은 그것을 이해하지 못하고 더 힘들어 합니다. 가족간에 소통이 안 되어 힘들어 하는 가정들, 다툼과 분열과 시기와 욕심 때문에 분열되는 교회들이 많습니다. 이 모두 인간관계에 문제가 있는 것입니다. 얼마나 많은 사람들이 교회생활을 힘들어 하는지 모릅니다. 직장과 사회 속에서의 인간관계는 더 힘듭니다. 그곳은 죄악이 지배하는 곳이기에 암투와 비난과 모함과 험담이 가득 차 있습니다. 그런 속에서 우리는 상처를 주고 상처를 입으면서 살아갑니다.

　함께 더불어 살도록 창조된 인간들이 왜 만나면 서로 힘들어 하는 존재가 되었을까? 모두 인간관계가 잘 이루어지지 않아서 생기는 문제들입니다. 이렇게 중요한 인간관계임에도 우리는 그동안 제대로 인간관계에 대해서 배우고 깊게 생각해 보지 못했습니다. 왜 이렇게 인간관계가 힘든 것인지, 그 원인과 방법에 대해서 누구도 가르쳐 주지 않았습니다. 20년 넘게 학교를 다녀도 인간관계를 가르쳐 주는 곳은 거의 없습니다. 각자 스스로 터득하면서 살아가는 길 밖에 도리가 없습니다. 그런데 그것이 결코 쉬운 문제는 아닙니다. 많은 경험을 얻는다고 해결되는 것이 아닙니다. 그것은 인간관계를 파괴하는 인간 안에 근본적인 죄악이 숨겨져 있기 때문입니다.

행복한 삶을 위해서는 인간관계에 성공해야 합니다. 행복은 일이 아닌 관계에 있습니다. 관계가 잘못되면 아무리 부와 성공을 이루었다고 해도 불행한 사람이 됩니다. 인생의 마지막은 관계에서 결정됩니다. 이 책은 이런 관계를 하나님과의 관계 속에서 어떻게 풀어갈지 그 방법을 제시하고 있습니다. 단순한 기술을 알려주기보다는 왜 인간관계가 힘든지? 그리고 인간관계를 잘 풀어가기 위해서는 어떤 부분을 해결해야 하는지에 대해 성경적으로 설명하고 있습니다. 아무리 많은 인맥을 쌓아가고 설사 나눔과 이해가 된다고 해도 인간의 노력으로는 인간관계를 푸는 데에 한계가 있습니다. 그래서 이런 문제들에 대해 성경적인 해결법을 모색하고 그리스도인들에게 실제적인 도움을 주는 내용으로 구성한 것입니다.

스마트폰, SNS, 인터넷 등의 발달로 편리함은 갈수록 증대되고 있지만 반면에 인간관계는 오히려 힘들어지고 있습니다. 폭력, 이혼, 사기, 살인, 다툼, 자살 등의 끊이지 않는 사회적 문제들이 더 많이 생기면서 인간관계를 더 악화시키고 있습니다. 그래서 가정과 교회뿐 아니라 직장과 사회에서 주변 사람 때문에 힘들어 하는 사람들에게 이 책이 예방제와 치료제 역할이 되길 소원합니다. 이 책을 통하여 우리가 사는 세상이 행복하게 만들어진다면 얼마나 좋을까 상상해 봅니다. 아무쪼록 부부 관계, 부모와 자녀 관계, 친구 관계, 직장 동료 관계, 성도 관계를 풀어가는데 유익한 지침서로 사용되길 기원합니다.

죄로 인하여 깨진 하나님과 우리 관계를 주님이 화목제물이 되심으로 좋은 관계로 다시 회복시켜 주셨듯이 우리도 화목하게 하는 직책을 잘 감당하여 우리가 사는 다양한 공동체 속에서 화평을 이루는 도구가 되길 기대합니다.

2013년 9월
이 대 희

# 1
## 인간관계가
## 행복을
## 결정한다

# 행복은 성적 순이 아니라 인간관계 순이다

"사람 행복의 90%가 인간관계에 달려 있다."
—키에르케고르

미국의 카네기재단의 조사에 의하면 "직무수행상의 성공에 기술적인 지식은 15%밖에 공헌하지 못하지만 인간관계 기능은 85%의 공헌을 한다."는 통계가 나왔다. 보통 사람들이 직장생활이 실패하는 이유는 기술적인 일이 아닌 인간관계가 실패했기 때문이다. 이런 이유에서 IBM 회사는 40시간 종업원 교육훈련 중에 32시간을 인간관계 훈련에 투자하고 있다.

하버드대학 직업지도부의 조사 결과에 의하면 직장에서 해고당한 수천 명의 남녀 중에서 대인관계가 서투른 것이 직무수행상에 비해 2배가량 높았다. 또 하버드대학을 졸업하고 사회에 나가 활동하고 있는 졸업생 1,500여 명을 조사 대상으로 하여 50여 년을 동일한 졸업생에게 5년 단위로 똑같은 질문을 했다. 20대의 청년 때부터 70-80대의 노인이 될 때까지 동일한 내용의 질문지에 답한 내용을 분석했다. 이때 던진 질문 내용은 딱 한가지였다.

"지금 현재 당신의 행복을 결정하는 행복의 조건을 한 가지만 든다면 어떤 것을 들 수 있습니까?"

분석 결과 가장 많은 대답은 '인간관계가 행복을 결정한다.'는 것이었다. 이것은 사회생활 중에 인간관계가 얼마나 중요한지를 보여주는 대목이다.

이와 비슷한 조사가 있다. 조지 베일런트 하버드대학 의과대학 교수는 하버드대학 2학년 학생 268명의 생애를 72년간 추적 조사해 하버드 공부벌레들의 인생보고서 『행복의 조건』을 내놓았다. 수재들의 삶을 행복과 불행으로 갈라서게 한 요인이 무엇인지를 집중 분석했는데 결과는 의외였다. 그들의 운명을 좌우한 것은 부나 학벌, 명예가 아니라 바로 47세 무렵까지 형성한 인간관계였다.

인간을 행복하게 하고 성공하게 하는 요인은 학벌이나 배경이나 부가 아닌 바로 인간관계라는 것이다. 인간의 행복은 관계에서 나온다고 한다. 얼마나 좋은 인간관계를 맺고 있느냐에 따라 행복과 성공이 결정된다고 하는데 우리는 인간관계를 하찮게 생각한다. 돈이나 명예를 얻기 위해 인간관계를 소홀히 하고 있다는 말이다.

세상 모든 것을 얻어도 사람을 잃으면 아무것도 아니다. 행복과 성공의 비결은 가까운 사람과 좋은 관계를 맺는데 있다. 사람이 곧 희망이다. 모든 것을 다 얻어도 사람을 잃으면 모든 것을 잃은 것이니, 지금 자신의 주변을 돌아보자. 그리고 나는 그들을 얼마나 소중하게 생각하고 있고, 지금 어떤 관계를 맺고 있는지 살펴보자.

# 인간관계가 인성을 만든다

우리는 그동안 경쟁 위주로 살아왔다. 지난 100여 년 동안 한국사회에서 경쟁은 아주 익숙한 문화로 자리 잡고 있었기에 어디서든지 경쟁이 핵심 키워드였다. 그러다 보니 경쟁에서 살아남기 위해서는 남보다 앞선 기술을 익혀야 했다. 그 결과 한국은 세계 15위권의 경제대국으로 진입할 수 있었다.

그러나 문제는 경쟁으로 인해 인성은 약화되어 삶의 기초가 흔들리는 상황이 되고 말았다. 국가의 대외적인 실력은 나아졌지만 내적인 인성은 매우 약해졌다. 한국인의 행복도가 경제성장에 비례하지 못하고 꼴찌 수준에 이르고 있다는 것이 그것을 반증하고 있다. 또 우리 사회에 나타나고 있는 학교 폭력과 묻지마 살인, 성폭행, 자살 등은 당연한 결과라 할 수 있다. 이런 범죄는 시간이 가면 갈수록 증가하지 감소하지 않는다. 해결책으로 처벌을 강화하고 있지만 그것과 상관없이 범죄는 계속 증가하고 있다.

왜 그럴까? 그것은 그동안 인성교육이 가정과 학교와 사회에서 제대로 하지 못했기 때문이다. 그 결과를 지금 그대로 받고 있는 것이다. 지금이라도 사회 전반의 교육 구조를 바꾸어야 하고 점검해야 한다. 학교교육도 인성교육을 가장 중시해야 하고, 직장에서 인재를 선발할 때도 인성 부분을 최우선으로 두어야 하며, 국가 지도자를 뽑을 때도 인성을 가장 우선 가치로 두어야 한다.

인성교육은 존엄한 인간으로서 살아가는데 필요한 도리를 갖추도록 돕는 의도적인 노력이라고 정의할 수 있다. 인성교육이 실패하면 다른 모든 교육도 실패로 연결된다. 아무리 창의성이 중요해도 인성을 갖추지 못하면 기계에 불과하기 때문에 학교에서는 자신은 물론 타인의 존엄성을 가르쳐야 하고, 인간은 인격을 가진 소중한 존재라는 것을 알려주고 보여주어야 한다. 즉 자기를 존중하고 아울러 타인을 존중하는 교육이 필요하며, 그것이 학교생활 속에서 자연스럽게 익혀져야 한다. 서로 죽이는 경쟁의 교육 구조에서는 오히려 인간관계가 더 힘들어진다.

한 사람의 개성(個性)이나 품성(品性)은 어떻게 이루어지는가? 그것은 두 사람 이상의 관계 속에서 형성된다. 혼자서 개성과 품성이 만들어지는 것이 아니다. 나와 오랫동안 함께했던 주변 사람들이 나의 성품을 만드는데 영향을 준다. 오늘의 나는 내가 지금까지 만난 사람들과 관계 맺음의 결과다. 그래서 누구를 만나느냐가 중요하다.

나를 바꾸기 위해서는 내가 만나는 사람을 바꿔야한다. 만나는 사람을 바꾸면 사람(人)과 사람(人) 사이(間)의 관계가 제대로 이루어진다. 왜냐하면 우리는 주변 사람의 영향을 그대로 받기 때문이다. 특히 어릴 때는 인지능력이 부족하기에 그대로 흡수하는 경향이 많다. 그래서 그때 만나는 사람이 매우 중요하다. 즉 부모와 이웃이 좋아야 한다는 말이다.

"지혜로운 자와 동행하면 지혜를 얻고 미련한 자와 사귀면 해를 받느니라"(잠 13:20)

요즈음 창의·인성교육이라는 말이 교육의 핵심어로 떠오르고 있다. 인성은 본인이 가진 인간성과 다른 사람을 자기처럼 여기는 존중성이 합쳐진 것이다. 그러기에 자기의 가치도 높여야 하지만 다른 사람의 가치도 인정을 해 주어야 한다. 그렇지 않으면 그것은 인성이라 말할 수 없다.

창의성은 인지능력이 강조되지만 인성은 덕목과 성품이 중요하다. 그것은 인간관계와 긴밀히 연결된다. 예를 들면 정직, 약속, 용서, 배려, 책임, 경청, 나눔, 섬김, 절제 등을 들 수 있다. 자신과 다른 사람과의 관계에서 얼마나 조화를 이루어 나가느냐가 인성교육의 관건이다.

인성은 혼자서 만들어지지 않는다. 언제나 관계 속에서 배우며 그 속에서 좋은 성품을 닮게 된다. 인성은 인간관계가 결정한다. 어떤 인간관계를 갖느냐가 그의 인성을 결정한다.

인간관계가 좋은 사람은 자신을 사랑하고 다른 사람을 배려하고 존중하게 된다. 경쟁적으로 다른 사람을 무시하고 죽이는 것이 아닌 함께 살 수 있는 길을 모색한다. 인성은 인간관계를 통해 나타나고 인간 속에서 열매를 맺는다. 인성이 좋은지를 보려면 평소에 그가 함께하고 있는 사람들의 이야기를 들어 보면 된다.

왜 인간관계가 중요한가? 다른 사람을 이기기 위해서 인간관계 기술을 배운다면 그것은 인간관계의 목표에 어긋나는 것이다. 세상적인 성공을 위해서 인간관계가 필요한 것이 아니다. 인간관계는 모두가 행복한 삶을 살고 각자가 가진 인간의 가치를 누리고 인정하는데 있다.

인간관계가 세상에서 성공하는 비결로 간다면 인맥관리 수준이 된다. 얼마나 많은 인맥과 팔로워가 연결되었는가를 꿈꾸는 것은 잘못된 인간관계다. 그렇게 되면 그것 역시 또 다른 모습의 경쟁을 위한 수단이 될 수 있다.

나도 행복하고 모두가 행복한 그런 사회를 꿈꾸고 그런 일을 위해 내가 기여할 수 있다면 얼마나 좋을까? 이것이 우리가 인간관계를 잘해야 하는 이유다. 서로가 행복을 주고받는 관계가 우리가 그리는 진정한 인간관계의 모습이다.

# 무서운 암, 잘못된 인간관계에서 생긴다

 국민건강공단이 발표한 '2007–2011년 건강보험 진료비 지급 자료 분석 결과'에 따르면 심한 스트레스 반응 및 적응장애로 의료기관을 찾은 진료환자의 수는 2007년 9만 8083명에서 2011년 11만 5942명으로 4년 사이 18.2% 증가했다.

한편 병원을 찾는 정신과 환자 자료에 의하면 우리나라 사람들 가운데 해마다 스트레스로 정신과 상담을 받는 사람은 100만–200만 명에 이른다고 하는데, 이들이 호소하는 고통을 분류해 보면 젊은 세대들은 인간관계에서 오는 갈등이 대부분이었다. 그리고 중·장년층은 조기 실직에 따른 사회·경제 스트레스를, 노년층은 건강상의 이유에 따른 고통 및 외로움을 호소하는 경우가 많다고 조사되고 있다.

이렇게 젊은 세대가 인간관계에 특별히 어려움을 느끼는 이유는 아직 인간관계의 처방법이 익숙하지 않기 때문이다. 나이가 들면 문제를 스스로 해결하거나 체념하면서 참고 지내는 경우가 많아 젊은이보다 상대적으로 스트레스를 덜 받는 것처럼 여길 뿐이다.

중·장년층 역시 그들이 겪는 사회적, 경제적인 문제와 외로움은 거의 인간관계에서 비롯된 것이라고 볼 수 있다. 이렇게 보면 인간 관계를 힘들게 하는 것은 스트레스가 주된 요인이라 할 수 있다. 물론 인간관계가 좋다면 사회, 경제적인 문제로 스트레스를 덜 받게 된다. 서로 이해하고 도와주면 되기 때문이다.

2002년 통계청 자료에 의하면 '암'은 한국인 사망률 1위를 차지하는 무서운 질병이다. 암이란 악성종양으로 이를 유발하는 원인으로는 발암물질, 바이러스, 환경, 스트레스 등을 들 수 있다. 그 중에서 발암물질과 바이러스는 음식물과 주변 환경에 의해서 생성되는데 주변 환경의 오염으로 인해 먹거리에 위기가 왔다. 우리가 살고 있는 환경은 우리 힘으로 어떻게 하기 힘들다. 어느 날 자기 면역력이 약하면 바이러스에 공격을 받아 암이 된다. 인간이 받는 스트레스는 자기 면역력을 약하게 만든다. 스트레스는 마음의 병이다.

미국의 셀리라는 의학자는 정신적인 압박을 주는 요인들에 대해 '스트레스(stress)'라는 단어를 최초로 사용하였다. 지나친 심리적 스트레스는 암에 걸릴 가능성을 크게 만들며, 면역계를 억제하고 호르몬의 균형 상태를 깨뜨려 암세포와 같은 돌연변이 세포 증식을 촉진시키게 된다. 우리 몸 안에 있는 면역세포를 약화시키는 주범은 스트레스다. 오늘날 발생하는 질병의 80% 이상은 스트레스로 인해 발생된다.

사람이 스트레스를 많이 받으면 마음에 병이 커져서 결국은 암이 된다. 스트레스를 계속 받다 보면 모든 근육과 장기가 굳어져서 더 이상 기능을 하지 못하게 되는데 그것이 암이다. 한방에서는 암을 적취(籍聚), 즉 '쌓여서 만들어진 덩어리'라고 표현하였다. 울화(鬱火)가 쌓이고 쌓이다 보면 스트레스로 인해 면역이 떨어지고 몸의 기혈순환이 막혀버려 종국에는 암과 같은 질병이 생기게 된다는 것이다.

암환자들을 관찰해 보면 대부분은 암 증세가 처음 나타나기 전 3개월에서 2년 사이에 스트레스를 많이 받는 극적인 사건이 있는 경우가 많다. 이에 적절하게 대응하지 못하고 그 상황으로부터 빠져 나오지 못하는 무능력이 생기면 그것이 스트레스가 된다. 스트레스는 신체의 화학적 변화를 유발시켜 면역체계를 저하시키고 암 발병에 중요한 원인을 제공한다.


2012년 LG 경제연구원의 「대한민국 인적자본이 흔들리고 있다」라는 보고서에서 "한국은 2000년대 들어 경제 성장 속도가 느려지며 인적자본 축적 면에서도 활력이 떨어지고 있다."며 이같이 주장했다. 인적자본을 약화시키는 요인으로 세 가지를 제시했는데 낮은 출산율, 청년 실업, 스트레스이다. 그중에서 스트레스는 한국사회를 흔드는 중요한 문제로 등장하고 있다. 스트레스, 우울증, 자살에 따른 인적자본 손실은 11조 5000억 원이나 된다. 대단한 수치다. 이제 스트레스는 단순한 개인적 차원을 넘어 국민적 과제로 떠오르고 있음을 보여준다.

　스트레스는 마음에서 생겨난 병이기에 치료 역시 마음과 의지로
해야 한다. 스트레스를 받는 가장 큰 요인은 인간관계를 들 수 있
다. 인간관계가 잘 해결되면 스트레스는 많이 해결된다. 몸은 마음
과 긴밀하게 연관이 되어 있다. 이런 면에서 몸의 건강만큼이나 마
음의 건강도 중요하다. 마음이 건강하지 못하면 몸도 병들게 된다.
　현대사회가 물질주의와 무한경쟁의 시대에 돌입되면서 스트레
스는 점차 많아지고 있다. 특히 빠름을 강조하는 한국인들의 스트
레스 지수는 더 높다. 다행하게도 요즘 몸 건강에 관심이 많이 생
기면서 운동이 전 국민적으로 활성화 되고 있지만 이제는 몸 건강
만으로는 안 된다. 마음 건강을 생각할 때다. 마음을 병들게 하는
잘못된 인간관계를 해결하는 것이 몸의 건강만큼이나 중요하다.
이것만 해결되면 지금 당장 행복할 수 있다.

# 세계 불명예 1위, 원인은 인간관계에 있다

 현재 한국이 OECD 국가 중 불명예 1위의 순위들이 있다. 자살률, 낙태율, 고아 수출률, 성범죄율, 교통사고 사망률, 저출산율, 이혼증가율, 청소년 가출률 등 모두 1위다. 반면에 어린이, 청소년 행복지수는 OECD 국가 중 뒤에서 1위이다. 이것은 자신과 이웃과의 관계가 제대로 이루어지지 않을 때 나타나는 현상들이다. 인간관계가 좋으면 모두 해결될 수 있는 것들이다.

이것은 현재 한국사회의 모습을 말해주는 지표다. 인간보다는 물질과 성과에만 급급한 한국인을 그대로 보여주고 있다. 한국사회 특징은 '정(情)'의 문화다. 이웃과 나누는 따스한 마을 공동체의 모습을 지니고 있었다. 인간관계를 중시하는 사회였다. 그러나 지금은 이것이 사라지고 있다. 경제성장의 가치에 눌려 진정 중요한 인간의 모습은 점차 사라지고 있다. 한 가지 예로 주거 문화를

보면 금방 알 수 있다.

우리나라는 이제 어디를 가나 아파트 문화다. 가장 좋은 집이 아파트다. 아파트가 주택의 대부분을 차지하고 있다. 그러나 고층 아파트는 사람들을 상자에 가두어 두는 생활 감옥과 같은 곳이다. 편리함이 있지만 반면에 이웃과 정을 나눌 수 없고, 같이 살지만 이웃이라고 말하기 어렵다. 이름과 얼굴을 모르고 사는 경우가 허다하다. 편리한 아파트가 오히려 이웃과의 관계를 멀어지게 하고 있다.

이렇게 된 이유는 인간 중심이 아닌 건물 중심으로 도시가 건설되었기 때문이다. 우리나라에 널려 있는 아파트를 보면 사람에 아파트를 맞추었다기보다는 아파트에 사람을 맞추어 집어넣은 모습이다. 아파트는 가장 가깝게 함께 모여 살 수 있는 구조로 되어 있지만 실상은 그렇지 않다. 서로 대화를 나누거나 함께 어려움을 나누는 곳이 아니라 오히려 이웃과의 관계를 힘들게 하고 있다. 우리는 이웃이 어떻게 살고 있는지 모르는 나와 별개 문제로 철저히 단절된 아파트 문화에 점점 익숙해져 가고 있다.

나는 어릴 때 시골에서 살았다. 그때는 마을 사람 모두가 내 가족이었다. 마을 어른들은 모두 나의 아버지로 설날이 되면 친구들과 어른들을 찾아다니면서 세배를 했던 기억이 생생하다. 길에서 어른을 만나면 인사를 하며 어른을 존경했고, 옆집 숟가락이 몇 개인지 알 정도로 가정사를 모두 알고 지냈다.

"한 사람을 키우기 위해서는 온 마을이 필요하다."라는 말이 있다. 마을은 인간관계를 자연스럽게 배우는 좋은 학교였다. 그러나 지금은 이것을 모두 잃어버렸다. 옛날 시골은 여전히 이런 모습을 경험할 수 있는 장소지만 이젠 노인들만 사는 곳이 되어 버렸다. 더불어 사는 사회, 그것은 인간관계의 소중함을 알 때 생긴다. 이런 친밀한 관계는 어려움을 당하면 온동네가 위로하고 함께 문제를 해결함으로써 더욱 돈독해진다.

　세계에서 가장 모바일 서비스와 기술이 발달된 나라가 한국이다. 빠른 인터넷과 새롭게 진화하는 스마트폰을 자랑하고 있지만 정작 중요한 인간관계는 점점 멀어지고 있다. 결혼의 가치와 자신의 존재감과 인간의 사랑을 느끼지 못하고 고독하고 우울한 한국사회를 다시 일으키는 길은 인간 그 자체로 돌아가는 길이다. 이렇게 보면 기계의 발달을 마냥 좋아할 일은 아니다. 오히려 기계와 기술의 발달은 인간을 더 소외시키는 결과를 초래하고 있다.

# 인간관계, 가정에서 이루어진다

호주 디킨대학과 머독 어린이연구소가 공동 연구한 결과가 있다. 연구팀은 뉴질랜드의 '건강과 발달에 관한 학제 간 연구'에 참여한 804명의 자료 32년 분량을 분석한 결과, '어린 시절의 학업성적보다는 긍정적인 인간관계가 어른이 된 뒤의 행복에 더 큰 영향을 미친다.'는 연구 결과를 발표했다. 연구를 이끈 디킨대학의 그레이그 올슨 교수는 "어린 시절의 좋은 인간관계는 평생을 두고 지속된다는 것이 확인되었다."고, 또 "어린 시절의 언어 발달, 청소년기의 학업성적, 성인기 행복감 간에는 관련성이 약한 것으로 나타났으며, 사교 관계와 학업성적 간에는 관계가 밀접하지 않고 평행선을 그렸다."고 말했다. 그러면서 연구팀은 "아동기나 청소년 시절에는 학업보다는 좋은 사교 관계를 맺도록 힘써야 한다."고 조언했다.

좋은 인간관계의 시작은 가정이다. 가정에서 인간관계를 배우지 못하면 사회에서는 대부분 실패한 사람이 된다. 가정이야말로 인간관계를 배우는 최적의 장소이다. 학교에서 인간관계를 배우기는 많은 한계점을 지니고 있다. 그러기에 우리 가정은 인간관계를 배우도록 돕는데 최고의 장소로서 가정의 이점을 교육에서 최대한 살려야 한다.

　가정은 할아버지와 아버지와 자녀가 함께한다. 또한 더불어 사는 형제들이 있다. 이런 가정의 강점은 학교에서 얻을 수 없다. 우리는 성인이 되어 결혼하기 전까지 평균 30년 이상을 가정에서 시간을 지낸다. 가정은 학교 공부는 부족하지만 인간관계를 공부할 수 있는 가장 좋은 곳이다. 즉 조부모, 부모와 잘 지내는 법, 가족과의 다툼이나 갈등을 해결하는 법을 터득할 수 있는 곳이다. 가정에서 형제들과 화목하게 지내는 법을 잘 배운다면 세상에 나가 인간관계를 원할하게 할 수 있다. 부모와 관계가 좋지 못하면 사회생활도 힘들다.

　유대인 교육이 탁월한 이유는 학교가 아닌 가정이 교육의 중심을 잡고 있기 때문이다. 그들은 교사가 아닌 부모가 교육의 중심을 잡고 있다. 그들은 매주일 한 번씩 갖는 가정안식일을 통해 가족과 대화를 많이 나누면서 학교와 세상에서 살아가는 능력을 가정에서 키운다. 그러나 우리는 가정이 오히려 학교의 시녀노릇을 하고 있다. 부모는 교사의 입만 바라보면서 탁월한 공부기술 습득에 목숨을 건다. 그러는 사이 아이들의 정작 중요한 인간관계는 점점 힘들어지고 있다. 공부기술은 발달하지만 사람과 사람 사이를 아름답게 만들어 가는 기술은 배우지 못하고 있다.

위인들을 보면 한결같이 학교가 아닌 가정에서 만들어졌다. 많은 위인들은 학교가 아닌 가정에서 기본을 배웠다. 가정에서 인간의 기본을 배울 때 위대함을 드러낼 수 있다. 하지만 우리는 이처럼 소중한 인간의 기본을 무시하고 있다.

인간관계, 어떻게 하면 잘 배울 수 있을까?

그것은 어릴 때부터 가정에서의 삶을 통해서 배울 수 있다. 인간관계는 지식이 아닌 실제적인 삶을 통해서 배운다. 삶으로 배운다는 말은 관계로 배운다는 의미다. 가족과 대화를 나누고 소통과 갈등을 함께 배우면서 서로 사랑하는 시간을 많이 가지는 것이 중요하다. 인간관계보다 더 좋은 교육방법이 없다. 학교와 학원에 내몰리며 인간관계보다는 오직 입시공부에 20년 몰두하는 우리 자녀들을 해방시켜야 한다.

혼자 하기보다는 같이 어울리며 돕고 나누며 도움을 받는 상생하는 인간교육으로 미래의 그림을 그려 나가자. 가능하면 어릴 때부터 인간과 함께하는 공부를 배우는 것이 필요하다. "세 살 버릇이 여든 간다."는 말이 있다. 인간관계도 어릴 때 좋은 관계를 맺는다면 평생 동안 사람들과 관계가 좋을 것이다.

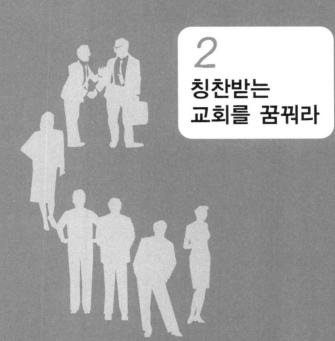

2
칭찬받는
교회를 꿈꿔라

# 신앙은 관계다

세상에는 다양한 종교가 있다. 그러나 종교라고 다 같은 종교는 아니다. 특히 종교에서 신관은 가장 중요하다. 기독교와 타종교의 신관이 다른 점 하나가 있는데 그것은 인격성이다. 우리가 믿는 하나님은 인격적인 신이다. 그러나 타종교의 신은 인격이 없다. 사람이 만든 우상은 비인격적인 물체이기 때문에 그것과는 대화를 나눌 수 없다. 쌍방의 대화가 가능하지 않다. 그저 일방적으로 기도하고 구하고 복을 빌 뿐이다. 그런 사람들은 우상과 상관없이 열심히 반복하여 공로를 쌓으면 된다.

그러나 기독교는 하나님과 인격적인 교제를 가진다는 점에서 차별이 있다. 내가 원하는 것을 열심히 구한다고 문제가 해결되는 것이 아니다. 하나님의 뜻과 일치를 이루어야 한다. 이것을 위해서 필요한 것이 하나님과의 친밀한 교제다. 우리는 기도와 말씀과 예배를 통해서 교제를 하고 이런 교제를 통해서 하나님과의 관계를 깊게 한다. 기독교 신앙은 관계를 중시한다. 신앙은 삶이라고 말할 정도로 관계는 신앙의 핵심 주제다.

하나님은 눈으로 보이지 않기에 관계를 통해서 신앙의 옳고 그름을 분별한다. 보이지 않는 하나님과 관계를 알 수 있는 것은 보이는 이웃과 관계를 통해서 가능하다. 관계는 결과가 아닌 과정이다. 결과에 치중하면 관계가 파괴된다. 그러므로 관계가 좋아지려면 과정에 충실해야 한다. 교회와 그리스도인의 신앙이 변질되는 것은 관계를 소홀히 했기 때문이다. 신앙적인 행동들은, 즉 예배, 기도, 말씀, 찬양, 봉사, 교제, 선교 등은 모두 관계와 연관이 있어 관계가 깨지면 그것들은 종교적인 행위에 불과하게 된다. 관계가 없다면 생명을 상실한 화석과 같은 종교가 된다는 것이다.

우리가 믿는 하나님을 생각하면 관계의 중요성은 더욱 분명해진다. 우리가 믿는 하나님은 삼위일체 하나님이시다. 우리는 한 분이신 하나님을 믿지만 또한 성부 하나님, 성자 하나님, 성령 하나님을 믿는다. 물론 세 분이면서 한 분인 하나님을 인간의 힘으로 명확하게 이해한다는 것은 쉽지 않다. 하지만 한 가지 분명한 것은 세 분 하나님이 서로 관계성을 가지고 하나를 이루고 있다는 점이다.
우리가 믿는 하나님은 관계성을 지닌 분이시다. 세 분의 삼위일체의 관계성을 균형 있게 이해하지 못하면 신앙이 잘못 될 수 있다. 세 분 중에서 어느 한 분만 강조하거나 관계를 무시하면 성경에서 벗어난 것이다. 하나님을 잘 이해하고 있는지 보려면 예수님과, 성령님과의 관계를 살펴보아야 한다. 여기에서 관계성이 잘 이루어지지 않으면 하나님에 대한 신앙은 문제가 있다고 보면 된다. 이단과 사이비 신앙이 되는 것은 이런 하나님과의 관계성을 무시했기에 나타나는 현상이다.

세 분 하나님 중에서 어느 하나만 강조하거나 치중하면 그것은 하나님을 제대로 이해한 것이 아니다. 예를 들어 여호와 증인은 하나님만 강조한다. 그들은 예수님을 부인한다. 대부분 이단들은 구약의 하나님만 인정하고 신약의 예수님은 인간 정도로만 이해를 한다. 이렇게 하나님 안에 숨겨진 관계성을 이해하지 못하면 미혹되어 잘못된 길을 간다. 세 분의 하나님이 균형 있게 관계를 맺는 것처럼 기독교 신앙 역시 관계를 떠나서는 이해 될 수 없다. 나 홀로 신앙은 이런 면에서 참된 모습이 아니다. 그러나 우리는 이런 잘못된 신관을 가지고 신앙생활하는 경우가 많다.

교회 안에서 하나님을 믿는 믿음의 모습은 대단히 열심을 가지고 좋은 것 같은데 실제 가정과 직장에서의 삶은 그렇지 못한 성도들이 많다. 그것은 믿음이 좋은 게 아니다. 왜냐하면 믿음은 언제나 하나님과 이웃이 같이 가기 때문이다. 이 관계가 깨지면 어디엔가 문제가 있다고 보면 된다.

초대교회가 부흥한 이유는 하나님에게 칭찬받고 세상 사람에게도 칭찬을 받았기 때문이다. 한국의 초대교회가 부흥할 수 있었던 이유도 동일하다. 나라가 교회를 칭찬했고 국민들이 교회를 민족의 보루라고 생각했다. 그리스도인들이 나라의 지도자들이었고 그들의 삶에 따라 나라의 운명이 좌우되었다. 비록 1% 내외의 숫자였지만 교회의 영향력은 엄청났다. 사람들이 교회를 통해 희망을 보았고 교회의 크기와 상관없이 전국 어디서든지 사람들이 몰려들었다. 그 결과 100년을 이어서 현재 1000만 가까운 교회 성장을 이루었다. 이웃에게 칭찬 받는 교회가 될 때 교회는 부흥한다는 점을 보여준 역사적 사례다.

  칭찬은 관계가 좋을 때 생기는 현상이다. 그러나 어느 순간에 교회의 교만과 세속화는 이웃을 불편하게 했고 한국교회의 성장의 힘은 오히려 이웃 관계를 무시하는 도구가 되었다. 그렇게 교회를 칭찬했던 세상이 교회를 등진 것에 민감하지 못한 것이 중요한 원인이었다. 그 결과 지금 한국교회는 숫자가 감소하며 위기를 치닫고 있다.

  위기의 시점은 교회가 이웃에게서 비난을 받았을 때였다. 이웃과 세상의 관계를 무시한 신앙은 더 이상 성경적인 신앙이 아니다. 그것은 변질된 모습이다. 그때 잘못을 빨리 깨닫고 회개하고 다시 관계를 바르게 하는데 힘써야 했는데 그것이 부족했다. 오히려 이웃의 소리를 무시하고 고집을 부리면서 오직 하나님 절대 신앙으로 나간 점은 깊게 반성해야 한다.

  특히 교회 성장을 위한 전도 방법은 인격적이지 못했다. 성경적인 전도법이 아닌 인간적인 전도법이 주를 이룸으로써 이웃과의 관계 중심보다는 상대방을 배려하지 않는 교만한 행동이 많았다. 오히려 사랑의 종교가 아닌 무례한 기독교라는 인식을 심어주었고 전도가 결과를 이루기 위한 욕심으로 보여지면서 교회에 대한 비호감을 갖게 만들었다.

우리에게 왜 이런 현상이 일어났을까? 신앙의 관계성을 무시하고 업적과 결과를 중시했기 때문이라 볼 수 있다. 지금이라도 관계 신앙으로 회복해야 한다. 작금의 한국교회는 이 시점에서 신앙이 과연 무엇인지 다시 한 번 점검해야 할 때가 되었다. 초대교회로 돌아가야 한다는 것이 진정 무엇을 의미하는지 생각해 보아야 한다.

"하나님을 찬미하며 또 온 백성에게 칭송을 받으니 주께서 구원 받는 사람을 날마다 더하게 하시니라"(행 2:47)

# 하나님과의 관계는, 곧 인간과의 관계다

세상 사람들은 인간관계의 소중함을 잘 안다. 그들은 인생 성공의 길이, 곧 인간관계에 있음을 알고 주로 힘 있는 사람과 인맥을 쌓는 일에 힘쓴다. 실력과 물질을 주로 인맥을 통해 이룬다. 그래서 어떻게 하든지 인맥을 통해 성공의 기반을 다지고자 수많은 모임들을 만들어 사람과의 관계를 맺는다.

대부분 세상의 성공은 실제로 인맥을 통해서 많이 이루어진다. 물론 나중에 잘못된 인맥으로 불행해지는 경우도 많지만 말이다. 그런 점에서 세상 사람에게 인간관계는 매우 중요하다. 반면에 그리스도인은 인간관계가 세상 사람들과 비교해 봤을 때 상대적으로 부족하다.

왜 그럴까? 그것은 하나님에 대한 믿음을 가지면 모든 것은 자연히 해결된다는 생각 때문이다. 물론 틀린 말은 아니다. 하나님과의 관계를 잘 가지면 인간문제는 자연히 해결된다. 하나님께서 풀어주시면 불가능이 없다.

그러나 한 가지 기억해야 할 점이 있다. 하나님과 관계를 잘 맺는다는 것은 인간과 관계를 잘 맺는다는 것을 의미한다. 이것은 서로 분리될 수 없다. 그리스도인은 하나님과 관계를 열심히 하는 것처럼 인간관계도 중요하게 생각해야 한다.

자칫 생각하면 신앙인들에게 인간관계를 잘 맺는다는 것을 인맥에 치중하는 인본주의처럼 오해할 수 있다. 이것은 신앙을 이분법으로 생각했기 때문이다. 하나님과 인간을 분리하는 생각이 이런 오해를 낳은 것이다. 필자가 인간관계에 대한 책을 집필하기 위해 자료를 조사하면서 느낀 것은 그리스도인 입장에서 인간관계를 다룬 책이 극히 적다는 점이다. 하나님에 대한 것은 많은 반면에 인간관계에 대한 내용은 상대적으로 아주 미약했다. 이렇게 된 것은 인간관계에 대한 신앙인의 부정적인 생각도 한몫한다.

그런데 실제 신앙생활 속에서 하나님에 대한 것만큼이나 인간관계가 미치는 문제는 아주 심각하다. 교회생활이 힘든 것은 인간관계 때문인 것이 대부분이다. 상처를 입고 교회를 떠나거나 교회에 대해 부정적인 생각을 갖게 하는 것은 진리나 하나님에 대한 것보다 인간관계에서 실족했기 때문이다. 믿음이 부족하거나 불신자는 하나님을 볼 수 없기에 교회나 그리스도인을 통해 하나님을 인식하는 경우가 많다. 그러다 보니 상식적으로 이해하기 어려운 문제를 만나면 실족하게 된다.

하나님을 사랑하는 것은 보이지 않는 부분이다. 그러나 인간을 사랑하는 것은 눈에 보이는 부분으로 나타난다. 그러니 보이는 것과 보이지 않는 것은 둘이 아닌 하나다. 이 중에 어느 것 하나만 있어도 안 된다. 하나님 사랑과 이웃 사랑은 공존해야 진리가 된다.

"예수께서 이르시되 네 마음을 다하고 목숨을 다하고 뜻을 다하여 주 너의 하나님을 사랑하라 하셨으니 이것이 크고 첫째 되는 계명이요 둘째도 그와 같으니 네 이웃을 네 자신 같이 사랑하라 하셨으니 이 두 계명이 온 율법과 선지자의 강령이니라"(마 22:37-40)

이것은 성경의 핵심이다. 그리스도인이 하나님과의 관계가 좋다면 당연히 인간과의 관계도 좋아야 한다. 하나님을 잘 믿으면 사람과의 관계는 당연히 좋다. 이것은 그리스도인의 인간관계가 얼마나 중요한지를 보여주는 대목이다.

성경은 두 가지 면에서 균형을 말한다. 성경을 살펴보면 한결같이 두 날개의 구조로 구성되어 있다. 그것은 하나님에 대한 부분과 인간에 대한 부분이다. 구약의 율법서와 예언서를 보면 하나님에 대한 부분과 인간에 대한 부분이 균형 있게 소개되어 있다. 하나님을 섬긴다고 하면서 이웃을 무시하고 배려하지 못하는 신앙은 거짓된 것이다.

신약의 바울 서신서는 이것이 더 분명하게 나타난다. 전반부는 하나님에 대한 원리를 다루고 후반부는 인간관계에 대한 내용으로 삶의 적용을 말한다. 이것은 우리의 신앙이 두 부분에서 균형을 잡아야 함을 보여주는 좋은 예다. 정말 교회가 하나님을 사랑하면 몸 된 지체들을 사랑하고 섬기게 된다. 만약 이것이 교회 속에서 잘 이루어지지 않는다면 하나님에 대한 경건은 다시 생각해 보아야 한다. 눈에 보이는 사람에게 대한 것은 하나님에 대한 경건이 어느 정도인지를 보여주는 실제적인 지표가 된다.

우리는 하나님을 사랑할 때 인간을 사랑하는 방식을 벗어나지 못한다. 사람들이 기도하는 것을 보면 사람과 대화하는 방식대로 한다. 우리는 하나님과 인간을 대할 때 같은 방식을 택한다. 보이는 이웃을 대하는 태도를 보면 그가 보이지 않는 하나님과의 관계가 어떤지 알 수 있다. 이것은 숨길 수 없는 진리다.

좋은 인간관계를 갖는 사람은 역시 하나님과의 관계도 좋다. 좋은 신앙은 인간관계와 긴밀히 연결되어 있다. 현재 나의 인간관계는 내가 지금 하나님의 사랑이 어떤지를 볼 수 있는 실제적인 지표가 된다.

"누구든지 하나님을 사랑하노라 하고 그 형제를 미워하면 이는 거짓말하는 자니 보는 바 그 형제를 사랑하지 아니하는 자는 보지 못하는바 하나님을 사랑할 수 없느니라"(요일 4:20)

# 사람이 교회다

교회는 하나님을 믿는 사람들의 모임이다. 하나님의 부름을 받은 세상과 구별된 공동체이다. 교회의 본질은 건물이 아닌 사람에 있다. 만약 교회가 건물만 있고 그 안에 사람이 없다면 그것은 교회가 아니다. 그러나 우리는 보통 십자가가 달린 건물을 보고 교회라고 말한다. 엄밀히 보면 그것은 교회가 아니다. 건물로서 예배당이며 교회당이다.

교회는 사람이다. 건물이 없어도 교회는 되지만 사람이 없으면 교회가 될 수 없다. 그러나 우리는 교회에 모일 때 사람 중심이 아닌 건물 중심으로 모이는 경향이 많다. 비록 건물에 모이지만 그 중심은 사람에 있는 것이다. 교회는 사람과 교제하고 나누고 몸된 지체를 경험하는 것에 초점을 두어야 한다. 예배를 통해서 하나님의 임재를 경험하지만 그 만남은, 곧 성도들과 만남으로 이어져야 한다. 이렇게 보면 예배만 드리고 사라지는 성도들은 아직 교회의 의미를 모르는 사람들이다.

성도와의 교제가 없는 예배는 반쪽 예배다. 곁에서 함께 예배하는 성도가 누구인지 관심을 갖지 않은 신앙은 죽은 것이다. 하나님께만 예배하고 썰물처럼 사라지는 성도들이 점차 많아지고 있다. 주일에 한 번 예배드리는 것이, 곧 신앙생활인 것처럼 오해를 한다. 그러나 그렇지 않다. 성도와 교제가 없다면 그것은 진정으로 하나님을 믿는 것이 아니다. 이런 교회상을 만들면 얼마 가지 못해 교회는 텅 비게 된다. 인간관계가 없는 교회는 몸이 없는 영혼과 같다. 그리스도 안에서 한몸된 지체 의식을 갖지 못한 성도는 그리스도의 몸과 연합된 것이라 볼 수 없다.

지금 한국교회는 건물로서 교회의 한계를 경험하고 있다. 교회의 위기는 교회의 본질을 벗어날 때 온다. 교회의 성장은 외적인 숫자에 있는 것이 아니고 본질에 있다. 교회의 본질은 얼마나 사람의 가치를 세우고 성도가 서로 하나 되느냐에 달려 있다.

매주일 마다 한 번씩 예배를 드리고 사라지는 그런 교회는 오래 가지 못한다. 지도자들은 예배만 드리고 사라지는 마당만 밟는 교인들을 온몸으로 막아야 한다. 그것으로 예배를 드렸다고 생각하는 성도들을 일깨워 성도와 교제를 나누고 헤어지도록 해야 한다. 그것이 초대교회의 모습이다. 교회 안에서 성도의 교제가 잘 이루어지도록 해야 한다. 그렇지 않으면 얼마가지 못해 생명력을 상실한 죽은 교회가 될 수 있다. 지금 이런 위기 징후들이 많이 나타나고 있다.

현재 한국교회는 분열과 다툼으로 몸살을 앓고 있다. 이것은 하나님에 대한 믿음과 성도의 교제를 하나로 연결하지 못한데서 온 것이다. 즉 인간관계 부족에서 온 것이다. 대부분 교회 분열과 분파는 신앙적인 것보다 인간적인 감정(혹은 정치적인 이유)이 상하면 그것이 분열로 이어진다. 지나고 보면 별것 아닌 비본질적인 문제가 교회를 분열하게 하는 경우가 많다.

왜 이런 현상이 한국교회에 계속 이어지고 있는가? 그것은 신앙 속에 인간관계 훈련이 제대로 이루어지지 않았기 때문이다. 각자의 신앙대로 고집하다 보면 결국 분열과 다툼이 일어난다. 이것은 앞으로 계속 나타날 것이다. 지금이라도 교회 속에서 신앙과 인간관계를 바르게 훈련하지 않으면 한국교회의 다툼과 분열은 끝나지 않을 것이다.

# 교회의 본질인 사람에 초점을 맞춰라

 오랫동안 목회하면서 한 가지 느끼는 사실이 있다. 그것은 믿음생활은, 곧 인간관계라는 점이다. 믿음이 좋다는 것은, 곧 인간관계가 잘 이루어진다는 것을 말한다. 인간은 그 사람이 믿음이 좋은지 분별하기 어렵다. 입으로 '주여, 주여!' 한다고 그가 천국에 들어가는 것이 아니라고 주님은 말씀하셨다.

왜 주님이 이런 말씀을 하셨을까? 생각해 보면 충분히 이해가 된다. 그것은 당시 서기관과 바리새인들이 종교적인 삶에 만족한 것에 대한 책망이었다. 이것은 오늘날 우리에게도 그대로 적용된다. 이웃에 대해 관심을 갖지 않는 경건은 헛된 것이다.

"하나님 아버지 앞에서 정결하고 더러움이 없는 경건은 곧 고아와 과부를 그 환난중에 돌보고 또 자기를 지켜 세속에 물들지 아니하는 그것이니라"(약 1:27)

특히 어려운 이웃에 대한 관심은 우리의 신앙 상태를 알려주는 기준이 된다. 한국교회는 초기부터 이웃과 사회에 열심을 가졌다. 현재 구호 단체 220개의 비영리 민간단체에서 모금한 금액은 총 1조 4천억 원에 이르고 있는데, 이들 중 기독교 관련 단체가 76개로 전체의 34.5%를 차지하여 타종교에 비하여 월등히 많은 구호와 봉사활동을 하고 있는 것으로 나타나고 있다.

그럼에도 불구하고 교회의 헌금 사용을 보면 한국교회의 이웃에 대한 관심이 많이 부족하다. 현재 한국교회 성인 신도수를 약 500만 명으로 잡을 때, 1년간 총 재정규모는 2조 5천 5백억 원에 이른다. 그중에서 재정지출의 항목별 비율을 보면 교회 내적으로 쓴 경비는 82.96%이고, 사회봉사비는 3.88%에 불과한 것으로 분석되었다.

왜 이렇게 되었을까? 그것은 무리한 성전 건축이 중요한 원인이 되었다. 성전을 건축한 교회들은 대부분의 교회 헌금을 은행에 바치고 있는 실정이다.

현재 한국교회 전체가 금융권에서 빌린 돈이 4조 4606억여 원에 달하는 것으로 확인됐다. 금융감독원이 2012년 국회에 제출한 자료에 따르면, 한국 종교단체 가운데 교회가 은행에서 대출을 압도적으로 많이 받은 것으로 나타났다. 지금까지 종교단체가 금융권에서 4조 9416억 원을 빌렸는데, 그중 기독교가 대출한 금액은 약 90%인 4조 4606억 원에 달한다. 현재 한국교회가 은행에 진 빚의 이자로 1년에 3조 원을 은행에 내고 있다는 이야기다. 이렇게 대부분의 헌금을 은행에 매달 바치고 있다고 생각하면 '과연 누구를 위해 헌금을 하는가.' 라는 생각이 든다. 실로 어마어마한 금액이다.

　한때 한국교회가 벤치마킹했던 미국 대형 교회의 상징이었던 로
버트 슐러 목사의 수정교회(Crystal Cathedral Ministries)가 파산 끝에
최근 교회당을 매각하기로 했다는 소식이 화제가 되고 있다. 화려
한 건물 뒤에는 수백억 원의 빚이 숨어 있다. 어떤 교회는 평생 갚
아도 갚기 힘든 빚이다. 이러다가 교인 감소 현상이 일어나면 아주
심각한 상황이 초래하는 것은 불 보듯이 뻔하다. 그것을 성도(사
람)를 세우기 위해 사용한다면 한국교회는 새로운 기적이 보일 것
이다. 지금이라도 교회의 본질인 사람에 초점을 두는 교회 회복이
절실하다.

# 인간관계가 안 좋은 사람들이
# 교회를 쉽게 떠난다

 교회는 사람들이 모이는 공동체다. 신앙생활하면서 가장 많이 듣는 말이 있다. 그것은 교회 속에 있는 사람들의 문제점에 대한 이야기다. 특히 기독교를 싫어하는 사람들은 그리스도인의 잘못된 행동에 대한 반감을 공개적으로 표출하기도 한다. 하지만 그것은 인간과 인간 사이에 흔히 일어나는 문제들이다. 다만 교회에서 유독 크게 보이는 이유는 그만큼 교회와 그리스도인에 대한 기대가 크기 때문이 아닐까 싶다. 그리스도인만큼은 세상 사람과 다르게 살기를 바라는 마음에서 이런 비난들이 생긴다고 본다. 물론 의도적인 비하도 있지만 긍정적으로 보면 세상과 다른 거룩한 교회의 모습을 주문하는 것으로 이해할 수 있다.

세상 사람들은 거룩한 공동체인 교회가 세상과는 다른 모습을 원한다. 이런 점에서 그리스도인의 인간관계는 매우 중요하다. 하나님에 관계된 내용은 세상 사람들이 알 수 없다. 그들은 인간관계를 통해서 하나님과 관계를 간접적으로 인식한다. 좋은 그리스도인들도 있지만 그렇지 못한 그리스도인들도 많이 있다. 문제는 비난 받는 그리스도인들의 대부분이 인간관계가 원만하지 못하다는 것이다. 일반 상식선에 미치지 못할 때 그리스도인은 보통 사람보다 훨씬 강하게 비난을 받게 된다.

교회를 떠나는 사람들을 보면 인간관계에 문제가 생긴 경우가 많다. 교회를 떠나는 사람들 가운데 하나님에 대해서 실망한 경우는 거의 없다. 특히 교회 안에 있는 직분자에 대한 기대감이 어느 날 실망으로 바뀔 때 교회를 떠나게 된다. 이런 면에서 지도자들의 역할은 중요하다. 가능하면 지도자가 되지 말라고 권면한 것은 이런 것을 염두에 둔 것이다.

마태복음 18장 16절의 "누구든지 나를 믿는 이 작은 자 중 하나를 실족하게 하면 차라리 연자 맷돌이 그 목에 달려서 깊은 바다에 빠뜨려지는 것이 나으니라."는 주님의 말씀은 한 사람을 실족하게 하여 교회를 떠나게 하는 것이 얼마나 무서운 일인지 생각하게 한다. 물론 교회를 떠나는 사람들은 교회공동체에서 다른 이웃과의 관계도 문제가 있지만 자신에게 문제가 있는 경우가 더 많다. 특별한 경우를 제외하고는 자신의 인간관계 능력이 부족해서이다.

오늘날의 교회는 이리저리 교회를 쉽게 떠나는 사람들로 가득하다. 특히 대형교회는 이런 사람들이 잠수하기 안성맞춤이다. 아파트를 전도해 보면 느끼는 것이지만 교패가 거의 없다. 예전에는 교회를 다니는 사람은 교패를 거의 붙였다. 그러나 지금은 교패가 없음에도 교회를 다니는 그리스도인들이 많다. 무엇을 의미하는가? 그냥 등록하지 않고 다니는 교인이 많아졌다는 것이다. 아울러 쉽게 떠나고 쉽게 교회를 옮기는 익명의 그리스도인이 많아졌음을 의미한다.

교회 속에서 인간관계에 실패하는 경우는 교회 속에 들어가지 않고 주변에서 혼자 신앙생활을 할 때 많이 발생한다. 오히려 이것은 신앙에 도움이 되지 못하고 자라기도 어렵다. 그럼에도 이런 사람들이 많아지는 것은 그동안 교회 속에서 좋은 인간관계를 제대로 보여주지 못했기 때문이다. 교회 안에서 인간관계는 매우 중요하다. 또 인간관계 훈련이 구체적으로 이루어지는 것이 필요하다. 가정에 문제가 있다고 해서 쉽게 가출을 한다면 가정이 제대로 서겠는가. 적극적으로 교회 안에서 인간관계의 문제를 풀어내는 지혜가 필요하다. 물론 그리스도인은 세상과 다른 방법으로 인간관계를 풀어야 한다.

# 서로 함께하는 법을 교회 안에서 터득하라

교회 속에는 상처 입은 사람들이 많다. 어떤 사람들은 상처를 치유하기 위해 교회에 나왔다가 오히려 상처를 더 크게 입고 교회를 떠난다. 하지만 우리는 한 가지 기억해야 한다. 그건 바로 우리 모두는 상처 입은 사람들이라는 점이다.

교회는 상처 입은 사람들이 모이는 곳이다. 그리스도의 사랑으로 서로 상처를 싸매주고 회복하는데 서로 돕고 살아야 한다. 그래서 교회는 상처 입은 사람들을 안아주는 보호처가 되어야 한다. 상처 받아 본 사람이 상처 입은 사람을 치료해 줄 수 있다. 우리는 상처를 주고받고 하면서 자라난다. 상처를 너무 부정적으로 대하지 말고 성숙의 한 과정으로 이해하는 것이 필요하다.

가정에서 부모와 형제자매가 함께 지내다 보면 원하지 않게 서로에게 보이지 않은 상처를 주고받을 때가 있다. 상처 받은 것을 하나하나 다 기억하고 생각한다면 가정에서 한 순간도 살 수 없다.

48

서로의 문제점을 인식하고 부족한 가운데 더불어 살아가는 방법을 배우는 것이 필요하다. 그중에 가장 어려운 것이 인간관계다. 인간처럼 복잡하고 힘든 것이 없다. 문제는 그 속에서 얼마나 이해하고 용서하고 용납하고 배려하는 가에 달려 있다. 어디서 용서를 배우고 배려할 수 있는 법을 배울 수 있는가? 우리는 문제 많은 인간생활 속에서 점차 터득해 가야 한다.

교회생활은 하나님에 대한 믿음을 갖는 과정이지만 그것은 인간관계를 어떻게 잘 이루어 나가느냐에 달려 있다. 혹자는 인간관계가 두려워 인간 속으로 들어가는 것을 꺼려하는 사람도 있다. 교회 속으로 들어가서 봉사하고 섬기기보다는 교회 밖에서 사람과 부딪치지 않고 살아가는 것을 원한다. 그러나 그렇게 하면 인간을 떠나는 신앙생활이 됨으로 개인적인 종교로 전락할 수 있다.

신앙은 혼자 자라지 않는다. 교회생활이 필요한 것은 서로 신앙을 갖기 위함이다. 성경 안에는 '서로' 라는 말이 수없이 반복된다. 이것은 신앙생활이 인간관계와 연관이 있음을 말한다. 혼자 생활하는 것이 아닌 서로 함께하는 법을 교회 속에서 터득해야 한다. 그럴 때 세상 속에서 지도자로 사용될 수 있다. 이런 훈련을 통하지 않고는 하나님께 쓰임 받을 수 없다. 세상을 구원하는 리더로서 살기 어렵다.

신앙은 개인적이면서 아울러 공동체성을 지녀야 한다. 서로 사랑하고 서로 섬기고 서로 복종하고 서로 존경하는 법을 배우는 공동체 신앙이 필요한데 현대교회는 이것을 점차 외면하고 있다. 서로 나누고 공유하는 신앙이 아닌 개인적인 신앙으로 변질되고 있다. 교회 안에서 이것을 배우지 못하면 세상 속에서는 인간관계를 이기기가 더 어렵다.

인간관계가 힘들어 혼자 사는 것을 추구하다 보면 다른 사람과 함께하는 것이 귀찮게 된다. 당장은 혼자 사는 것이 편하고 좋을지 모르지만 그것은 하나님의 뜻이 아니다. 하나님께서는 독처하는 것이 좋지 않다고 하시면서 아담에게 하와를 주셨다.

물론 사람과의 갈등은 죄가 함께하면서 시작되었지만 그것이 하나님께서 만드신 세상의 모습이다. 종종 사람이 싫어서 교회를 나가지 않는 사람들이 있다. 그러나 기억하라. 사람이 싫어서 교회를 떠나게 되면 어느 순간에 자신까지 싫어지는 불행한 상황이 오게 된다. 마지막에는 자살까지 생각하게 된다. 사람을 좋아하고 사람과 가까이 하자. 혼자서 행복을 추구하기보다는 공동체 속에서 행복을 얻도록 하자.

# 기분 나쁘면 천당도 안 간다

구원은 인간이라면 모두에게 필요한 하나님의 선물이다. 우리가 받은 구원은 나 혼자만 필요한 것이 아니다. 구원 받은 사람은 당연히 이웃에게 복음을 전해야 한다. 복음은 모두를 위한 것이다. 나 혼자만 가지고 즐기라고 구원을 주신 것이 아닌 모두에게 나누어 주라고 주신 것이다. 이것을 실천하는 것이 전도다.

전도를 방해하는 큰 장애물이 있다. 그것은 인간관계다. 전도를 잘하기 위해서는 인간관계가 좋아야 한다. 전도는 인간관계를 통해서 이루어진다. 인간관계가 좋으면 당연히 전도를 잘하게 된다. 복음이 아무리 좋아도 복음을 전하는 사람이 싫으면 그가 전하는 복음도 싫게 된다. 하지만 전도하는 사람을 좋아하게 되면 그가 전하는 복음도 사람들이 좋아하게 된다.

한국교회가 근자에 들어서 전도가 매우 힘들어졌다. 이것은 물질문명이 풍부하고 바쁜 현대생활도 한몫하지만 그리스도인의 인간관계 지수가 낮기 때문에 생긴 현상이다. 전도는 대부분 관계를 통해서 이루어진다. 그런데 그리스도인에게 여러 가지 문제들이 나타나면서 사회적 인식도가 나빠졌다. 교회의 대 사회적인 관계성이 약화되었다. 그 결과 전도가 어렵게 되었다.

한국교회 초기에는 교회와 이웃과의 관계가 좋았다. 그리스도인을 신뢰하는 분위기였다. 복음이 어디서든지 잘 전해졌다. 많은 사람들이 그리스도인이 전도하는 복음을 듣고 천막이나 지하실에도 찾아 들었다. 그러나 지금은 다르다. 아무리 전해도 복음을 받아들이지 않고 교회를 자기 발로 찾아오는 사람은 거의 없다. 관계를 통해 전도를 하려고 해도 만만치 않다. 그러니 전도가 잘 이루어지기 위해서는 나빠진 이웃 관계를 먼저 회복하는 것이 시급하다.

초대교회가 부흥이 잘된 것은 이웃과의 관계가 좋았기 때문이다. 날마다 구원 받는 수가 더해진 것은 초대교회의 신실함이 이웃에게 영향을 주었고, 세상이 칭찬하는 교회가 되었기 때문이다. 즉 교회에서의 인간관계가 좋았기 때문이다. 이것은 오늘날 우리 교회가 어떻게 전도를 해야 하는지 그 비결을 보여주는 좋은 방법이다.

"기분 나쁘면 그 좋은 천당도 안 간다."는 말이 있다. 이것은 관계를 나쁘게 하고 전도하면 아무리 좋은 복음도 받아들여지지 않음을 상징하는 말이다. 상대방의 감정을 상하게 하고 전도하면 전도가 될까? 그렇지 않다. 아무리 좋은 것이라도 인간관계가 잘 이루어지지 않는 상황에서는 별 효과가 없다. 우리는 그동안 인간관계를 무시하고 전도한 적이 많았다. 지금부터라도 전도자들에게 인간관계 훈련을 먼저 시켜야 한다. 이웃과 좋은 인간관계를 맺는 일에 시간과 노력을 쌓아야 한다. 그런 후에 자연스럽게 전도가 이루어진다면 교회부흥의 역사가 일어날 것이다.

이것은 교회에서 직분자를 세울 때도 마찬가지다. 인간관계가 신앙의 중요한 기준으로써 자리를 잡아야 한다. 가족과의 관계, 직장 동료와 이웃과의 관계, 교우들과의 관계를 잘 살피는 일이 안 되면 교회 지도자로 합당하지 않다. 적어도 직분자를 세우기 전에 교회 예배 출석과 봉사만 보지 말고 직장과 가정에서 어떻게 인간관계를 이루고 있는지 점검하는 일이 우선 되어야 한다. 그렇지 않으면 오히려 직분이 복음 전도의 방해가 될 수 있다.

그러나 현재의 한국교회는 하나님과의 관계만 치중하지 인간관계에 대해서는 크게 개의치 않는다. 그 결과 인간관계에 실패하는 그리스도인들이 사회적으로 비난받는 일이 많아지고 있다.

"그러므로 감독은 책망할 것이 없으며 한 아내의 남편이 되며 절제하며 신중하며 단정하며 나그네를 대접하며 가르치기를 잘하며 술을 즐기지 아니하며 구타하지 아니하며 오직 관용하며 다투지 아니하며 돈을 사랑하지 아니하며 자기 집을 잘 다스려 자녀들로 모든 공손함으로 복종하게 하는 자라야 할지며 사람이 자기 집을 다스릴 줄 알지 못하면 어찌 하나님의 교회를 돌보리요"(딤전 3:2-5)

"또한 외인에게서도 선한 증거를 얻은 자라야 할지니 비방과 마귀의 올무에 빠질까 염려하라 이와 같이 집사들도 정중하고 일구이언을 하지 아니하고 술에 인박히지 아니하고 더러운 이를 탐하지 아니하고 깨끗한 양심에 믿음의 비밀을 가진 자라야 할지니 이에 이 사람들을 먼저 시험하여 보고 그 후에 책망할 것이 없으면 집사의 직분을 맡게 할 것이요"
(딤전 3:7-10)

# 하나님을 섬기는 사람이라면
# 먼저 친구부터 사귀어라

'교회'의 헬라어는 '에클레시아(ecclesia)'이다. 이 단어는 대부분의 성경 역본들에서 '교회(church)'로 번역되었고, 그 의미는 '불러낸 무리' 혹은 '모임(assembly)'을 말한다. 교회란 '세대의 모든 신자들로 구성된 모임', '지역모임', '비종교적인 집회' 등의 의미로 사용된다. '교회'란 말은 우리가 흔히 생각하는 '건물'이 아닌 '모임'을 의미한다.

지금 우리가 사용하고 있는 교회는 한자로 '교회(敎會)'를 사용하고 있다. 이것은 가르치는 모임이라는 뜻을 담고 있다. 그리스도의 진리를 배우고 가르치는 모임을 교회라고 보면 된다. 지금의 교회(敎會)는 교육적인 의미가 강하게 들어 있다. 교회는 진리의 터전이기에 진리로 성도들이 모여서 무장하고 새롭게 하고 구원 받는 일이 일어나는 곳이다. 그러나 이것만으로는 교회의 의미가 한계가 있다. 그런 이유로 한국교회는 말씀을 들으러 오는 것에 초점이 맞춰져 있다.

또 다른 교회의 의미로 '교회(交會)'를 생각할 수 있다. 지금 교회(教會)의 의미에다 '교회(交會)'의 의미도 같이 포함하면 좋을 듯하다. 교회는 그리스도의 몸으로 교제하는 곳이다. 만약 그리스도의 몸으로 교제가 이루어지지 않는다면 소통이 일어나지 않기에 죽은 교회가 되는 것은 시간 문제다.

성도와의 교제를 방해하는 요소들을 과감하게 수정해야 한다. 주일은 지체들이 서로 교제하는 날이다. 이런 점에서 보면 예배드리고 난 후에 교제를 나누는 것은 필수다. 그럴 때 교회의 의미가 새롭게 된다. 회중이 집회를 위해 모이기만 하고 교제가 없이 헤어지면 그 회중은 죽은 공동체다. 한 시간 예배를 드린다면 한 시간 친밀한 성도의 교제가 이루어져야 한다. 그러나 지금의 우리 교회는 교제가 없는 교회가 되고 말았다. 일부분의 교인들만 교제를 할 뿐 대다수는 썰물처럼 사라지고 만다.

말씀과 기도를 나누고 서로 섬기고 위로하면서 그리스도 안에서 교제가 매주일 일어난다면 지금의 교회는 새롭게 될 것이다. 교제를 불가능하게 하는 요소들을 교회 안에서 제거해야 한다. 그것은 교회의 본질을 해치는 영적 암이다.

성도와의 교제를 불가능하게 하는 지금의 건물 중심의 교회는 하루 빨리 구조조정이 필요하다. 교회를 부패하게 하고 교회의 본질을 파괴하는 것을 제거하지 않으면 교회를 병들게 하는 암이 된다. 이것을 수술하지 않으면 시간이 갈수록 개신교 교회뿐만 아니라 한국 교회 전체에 위험을 줄 수밖에 없다. 힘들지만 교회 본질을 회복한다는 절대 절명의 측면에서 보면 하루빨리 교회 개혁이 일어나야 한다. 어느 날 교회당에 교인들이 사라지는 상황이 오기 전에 새로운 결단이 필요하다.

교회(交會)와 교회(教會)의 의미가 회복되는 교회가 되면 좋을 것이다. 이것은 인간관계의 회복을 의미한다. 우리는 그동안 수직적인 하나님과의 관계만 생각했지 주님의 한 피를 받아 공동체된 수평적인 이웃에 대해서는 무관심했던 점을 회개해야 한다.

정말 하나님을 섬기고 예배하는 사람이라면 이웃 성도를 돌보며 그들과 좋은 관계를 맺는 것에 시간을 바치고 열정을 다해야 한다. 만약 매주일마다 이런 일이 일어난다면 교회에 가는 시간이야말로 기다리는 최고의 날이 될 것이다.

"그러므로 예물을 제단에 드리려다가 거기서 네 형제에게 원망들을 만한 일이 있는 것이 생각나거든 예물을 제단 앞에 두고 먼저 가서 형제와 화목하고 그 후에 와서 예물을 드리라"(마 5:23-24)

"내가 주릴 때에 너희가 먹을 것을 주었고 목마를 때에 마시게 하였고 나그네 되었을 때에 영접하였고 헐벗었을 때에 옷을 입혔고 병들었을 때에 돌보았고 옥에 갇혔을 때에 와서 보았느니라 이에 의인들이 대답하여 이르되 주여 우리가 어느 때에 주께서 주리신 것을 보고 음식을 대접하였으며 목마르신 것을 보고 마시게 하였나이까 어느 때에 나그네 되신 것을 보고 영접하였으며 헐벗으신 것을 보고 옷 입혔나이까 어느 때에 병드신 것이나 옥에 갇히신 것을 보고 가서 뵈었나이까 하리니 임금이 대답하여 이르시되 내가 진실로 너희에게 이르노니 너희가 여기 내 형제 중에 지극히 작은 자 하나에게 한 것이 곧 내게 한 것이니라 " (마 25:35-40)

**3**
인간관계가
힘든
12가지 이유

# 인간관계는 돈 버는 일보다 힘들다

생텍쥐페리의 『어린왕자』 중에 이런 구절이 나온다.

"세상에서 가장 어려운 일이 뭔지 아니?"

"흠… 글쎄요. 돈 버는 일? 밥 먹는 일?"

"세상에서 가장 어려운 일은 사람이 사람의 마음을 얻는 일이란다. 각각의 얼굴만큼 다양한 각양각색의 마음은 순간에도 수만 가지의 생각이 떠오르는데, 그 바람 같은 마음을 머물게 한다는 건 정말 어려운 거란다."

세상에 사람처럼 어려운 존재가 없다. 알다가도 모르는 것이 사람의 마음이다. 물건은 내 마음대로 조종이 가능하다. 동물은 매를 가지고 다스리면 된다. 그러나 사람은 그렇게 다룰 수 없다. 그 이유는 사람은 마음을 가지고 있기 때문이다.

사람의 마음은 하나님이 주셨다. 마음의 주인은 내가 아니다. 그렇기에 자기의 마음도 자기가 마음대로 할 수 없다. 그러니 누가 사람의 마음을 얻을 수 있는가? 결코 쉽지 않은 문제다. 누구도 마음에 대해서는 정답을 내릴 수 없다. 하루에도 수십 번씩 변하는 마음, 나도 모르게 마음이 끌리는 것은 어찌할 수 없다. 인간관계는 사람의 마음을 얻는 것이다. 결국은 마음을 얻어야 모든 것을 얻는데 그것이 말처럼 쉽지 않다.

사람의 마음을 끄는 것은 무엇일까? 그것은 아주 다양하고 복잡해서 한마디로 말하기 어렵다. 태생적으로 타락된 인간의 마음은 물질적이고 감각적인 것에 종이 되었다. 물질이 다가오면 마음이 금방 흔들린다. 그렇게 좋았던 관계지만 물질이 갑자기 들어오면 한순간에 깨지는 경우가 많다. 사람은 누구든지 마음을 돈과 명예와 권력에 빼앗길 수 있다. 이것은 순식간에 마음을 훔치기에 아무도 눈치 채지 못한다.

인간관계는 사람의 마음을 얻는 것이다. 그래서 인간관계는 돈 버는 일보다 더 어렵다고 한다. 어떤 경우는 돈으로 마음을 빼앗을 수 있지만 그렇지 않은 경우도 있다. 아무리 돈으로 유혹을 해도 마음이 흔들리지 않는 사람이 있기에 사람과의 관계가 더 어렵다고 말하는 것이 아닐까.

이런 이유로 인간관계는 결코 쉽지 않다. 그래서 사람들은 인간관계를 어려워한다. 자기 방식대로 사람의 마음을 잡을 수 있다고 생각하다가 낭패를 당한다. 이렇게 보면 인간관계의 달인은 없다. 정직한 사람에게는 거짓된 사람이 멀리한다. 하지만 정직한 사람에게는 정직한 사람이 함께한다. 비록 소수이지만……

그리스도인으로서 인간관계는 하나님의 말씀에 따라 사는 것이 최선의 방법이다. 인간의 술수와 계략에 의해서 사람과 관계를 맺는 것은 잠시 뿐이다. 그리스도인의 인간관계는 세상의 인간관계와 다르다. 진리에 따라 순종하는 삶이다. 인간관계라 해서 인간적인 방법으로 이루어지는 것이 아니다. 하나님께서 도와주시지 않으면 진실한 인간관계는 힘들다. 진리를 벗어난 인간관계는 오히려 우리에게 해를 준다.

　　그러기에 인간관계는 인간의 힘으로 할 수 있다는 생각에서 벗어나는 것이 필요하다. 그렇지 않으면 복잡한 인간관계를 바르게 하기가 힘들다. 겸손하게 주님의 말씀을 기준으로 인간관계를 해나간다면 하나님께서는 복잡한 인간의 마음을 열게 해주실 것이다.

# 사람은 각자 다른 경험 속에서
# 다른 욕구를 가지고 있다


인간관계가 힘든 이유는 사람마다 다른 경험 속에서 살아가기 때문이다. 취향도 다르고 욕심도 다르다. 그런 사람을 모두 알고 마음을 읽어낸다는 것은 원천적으로 힘들다. 그래서 사람들은 자기랑 같은 생각을 갖고 있는 사람들을 좋아하고 그런 사람들과 마음을 나눈다. 어떻게 하든지 같은 점을 찾아 그곳에서 일치를 이루려고 한다. 사람들이 지연과 학연과 세대를 따지는 것은 이런 동질감을 찾기 때문이다.

부부가 결혼을 했다고 해서 단번에 하나 되는 것은 아니다. 그런 기대감을 가지면 부부 관계가 더 힘들어진다. 오히려 서로 다른 경험과 욕구를 이해하고 조화를 이루기를 힘쓴다면 성공적인 결혼이 될 수 있다. 생각해 보라. 30년 가까이 다른 경험과 문화 속에서 살던 사람이 한 번에 한마음이 되기는 어렵다.

부부가 한 몸이 되는 것은 신혼여행을 다녀오면 이룰 수 있어도 한마음이 되는 것은 평생 이루어야 하는 만만치 않는 과제다. 결혼 생활이 생각보다 힘든 것은 몸보다 마음을 이해하는 것이 어렵기 때문이다. 수시로 갈대처럼 흔들리는 사람의 마음을 붙잡는 것은 함께 노력하지 않으면 힘든 일이다.

한국인이 다른 나라에 비해서 이혼율이 높은 것은 이런 인간의 차이점에 대한 이해가 부족해서다. 특히 결혼 후 3년 안의 이혼율이 높은 것은 서로 각자의 다른 점을 이해하지 못하고 그것을 인내하지 못한데서 오는 것이라 볼 수 있다.

이혼 사유 중에 가장 많은 것이 성격차이다. 그런데 성격차이는 새롭게 생긴 것이 아닌 본래 있던 것이다. 본래 결혼은 성격이 다른 사람이 만나는 것이다. 이성(異性)이 만난다는 것은 다른 성(性)으로서 만나는 것을 의미한다. 성이 다르듯이 사람마다 자기의 성격과 개성이 다른 것은 당연한 일이다. 성격차이로 헤어진다는 것은 그것을 해결하는 능력이 없기 때문에 결별을 선언하는 것이다.

서로 다른 사람이 만나 한평생을 사는 것처럼 주변 사람을 만나는 것도 이와 같다. 각자 다른 문화와 욕구를 이해하고 얼마나 그 간격을 좁혀 나가느냐가 인간관계를 성공적으로 이끌 수 있는 비결이다. 사람을 만나면서 버려야 할 잘못된 생각이 하나 있다. 그것은 상대방을 나의 유익을 채우는 것으로 생각하는 일이다. 그렇게 되면 끊임없이 상대방을 나의 기준에 맞추기를 원하고 그것을 계속 요구하는 상황이 생긴다. 여기에서 인간의 갈등이 생긴다. 부

모와 자녀 사이가 안 좋은 것 역시 경험과 욕구의 차이점을 제대로
이해하지 못했기 때문이다.

# 가치관이 다르면 인간관계도 힘들다

인간관계가 힘든 또 하나 이유는 가치관의 차이에 있다. 문화와 욕구는 사람마다 다르고 차이점을 인정할 수밖에 없다. 그것은 타고난 삶의 배경과 연관이 있기 때문이다. 하지만 가치관이 다른 것은 받아들이기 어렵다. 사람은 가치관이 다르면 함께하기 힘들다.

인생에서 가치관은 매우 중요하다. 가치관은 그 사람의 삶이요, 인생 전부다. 인간관계를 잘 맺기 위해서는 가치관이 비슷한 사람들이 만나는 것이 좋다. 그렇지 않으면 가치관을 서로 맞추는 것이 필요하다. 가치관은 사람마다 달라 어느 것이 '옳다 그르다'라고 말하기 어렵지만 그래도 보편적이고 절대적인 가치관에서는 서로 맞아야 한다. 인간은 목적과 가치에 따라 사는 존재이기에 인간관계를 가질 때 반드시 이것을 염두에 두는 것이 필요하다.

사람은 영적인 존재이기에 영적인 면에서 다른 가치관을 가진 사람들이 만나 함께하는 것은 여간 힘든 일이 아니다. 잠시 동안은 친구로서 만남을 통해 인간관계를 유지할 수는 있지만 영적으로 가치관이 다른 경우에는 평생 하나 되기가 어렵다. 그래서 바울은 믿지 않는 자와 멍에를 같이 하지 말라고 권면하고 있다.

결혼은 잠시 인간관계를 유지하는 것이 아니다. 평생 함께하는 관계다. 그러기에 부부가 만나는 것은 서로 같은 가치관을 찾는 것이 무엇보다 중요하다. 그렇지 못하면 늘 부부 갈등을 일으키게 된다. 예를 들어 남편은 보이지 않는 영적 가치관에 초점을 두고 살아가는데 비해 아내는 보이는 물질적인 가치관으로 이 세상을 즐기고 누리는데 관심을 둔다면 이 부부는 서로 힘들 수밖에 없다.

이스라엘 백성이 바알을 섬기는 가나안 사람들과 사는 방법이 다르듯이 오늘날 그리스도인과 세상 사람들은 가치관에서 현저한 차이가 있다. 이 둘은 서로 사는 방법과 생각하고 마음을 쓰는 것이 다르다. 이런 점에서 볼 때 결혼은 다른 가치관은 차이가 있을지라도 가장 중요한 신앙적인 가치관은 같아야 갈등을 줄일 수 있다고 본다.

모든 다툼의 근원을 들어다 보면 가치관이 다름을 알 수 있다. 그러니 서로 다른 가치관을 가진 사람끼리 만났을 경우에는 서로의 다른 가치관을 이해하고 조금씩 그 가치관을 좁혀나가는 지혜가 필요하다.

# 모든 것을 자기중심적으로 판단하고 결정한다

왜 인간관계가 힘든가? 그것은 사람마다 자기중심적으로 판단하고 결정하는 속성 때문이다. 사람은 모든 것을 자기의 눈으로 본다. 그러기에 다른 관점과 차이는 사람과의 관계를 힘들게 하는 요인으로 등장한다. 특히 객관적인 판단을 중시하는 사람과 자기주관적인 판단을 중시하는 사람과는 늘 충돌이 생길 수밖에 없다.

인간관계를 잘하는 사람은 자기를 넘어 이웃까지 보는 시야를 갖는 반면에 인간관계가 힘든 사람은 모든 것을 자기의 좁은 세계 속에서 세상을 이해하려고 한다. 그래서 이런 사람과는 늘 충돌이 일어나고 합의점을 찾기 어렵다.

그러면 인간관계를 잘하기 위해서는 어떻게 해야 하는가. 우선 자기중심적인 시야를 조금씩 넓혀 이웃에게까지 확장해야 한다. 우물 안 개구리처럼 되면 우물 밖의 세상을 이야기 할 수 없다. 이런 사람은 자기중심적인 편견과 자기 고집으로 모든 것을 판단하기 때문에 대화하기가 힘들다. 반면에 다양한 경험을 하고 다양한 사람을 만난 사람은 아무래도 경험의 폭이 넓기 때문에 대화가 쉽다. 사람은 각자 가지고 있는 자기만의 고집이 있고, 그 고집으로 자기방어를 한다. 능력이 부족하면 나중에는 고집만 남게 된다. 무지할수록 고집으로 자신을 더 보호한다. 무지하고 교만할수록 고집이 센 것은 바로 이런 이유 때문이다.

두 번째로는 상대방 중심으로 생각하는 훈련을 해야 한다. 즉 자기중심적인 시각에서 벗어나 타인의 관점을 읽을 수 있는 능력을 키워야 한다. 물론 자기중심적인 사고를 스스로 깨기는 쉽지 않다. 이것은 스스로 문제와 갈등을 경험하면서 터득하는 길 외에 다른 방법이 없다. 짧은 지식과 무지는 자기를 넘어서지 못하게 하는 요인이 된다. 이것을 극복하기 위해서는 다른 사람에 대한 이해와 공부가 필요하다. 이런 과정을 통해 자신의 부족함을 알아간다면 자기중심적인 사고에서 벗어날 수 있다. 자기중심적인 사람은 자신도 힘들지만 함께하는 상대방도 힘들다.

그리스도인이 자기중심에서 벗어날 수 있는 길은 하나님의 말씀을 통해 하나님의 시각을 훈련하는 일이다. 성경을 공부하고 배우는 것은 이런 문제를 극복하는데 도움을 준다. 그렇지 않으면 자기만의 생각의 감옥에 갇혀 자기 스스로 힘든 길을 갈 수 있다. 성경은 우리의 생각을 영원부터 영원까지 열어주는 좋은 안내자이다.

# 자신의 약점이 무엇인지 모른다

사람에게 진정 필요한 것은 물질이 아닌 사람이다. 왜냐하면 사람을 정말 행복하게 하는 것은 물질이 아닌 사람이기 때문이다. 사람과 함께하는 것을 아주 힘들어 하는 사람이 있다. 인간관계에 갈등을 느끼는 사람이다. 그 이유는 상대방보다 자신에게 일차 원인이 있다. 사람은 다른 사람의 티는 볼 수 있어도 자기 안에 있는 들보는 알지 못하는 법이다. 하나님께서 만드신 사람을 살펴보면 그것을 잘 알 수 있다.

사람은 상대방의 얼굴을 보면서 쉽게 그 사람이 어떤 사람인지를 판단한다. 그러나 정작 자신의 얼굴은 볼 수 없다. 자신의 얼굴은 다른 사람이 알려주거나 거울을 통해서만 알 수 있다. 뒷모습 또한 누가 알려주지 않으면 알 수 없다. 이것은 인간은 혼자서는 살 수 없음을 보여주는 증거다. 하나님께서 만드신 창조의 법칙이다. 또 사람은 자신의 약점을 스스로 찾아서 고치는 것이 어렵다. 자기 스스로 약점을 발견하는 것이 쉽지 않다. 다른 사람이 지적해

주는 것을 고맙게 생각하고 고치면 좋은데, 그런 사람 역시 찾기 힘들다.

인간관계가 복잡한 것은 자신의 약점을 알지 못하는데서 온다. 오만은 자신의 약점을 찾지 못할 때 생기는 현상이다. 자신의 약점을 발견하는 순간 인간은 겸손해진다. 그리고 다른 사람을 귀하게 여기게 된다. 위대한 사람은 자신을 낮추고 자신의 약점을 아는 사람이다. 자신의 약점을 아는 사람은 다른 사람의 약점을 추궁하지 않는다.

반면에 주변 사람들을 비난하는데 유달리 힘쓰는 사람이 있다. 그가 볼 때 주변 사람들은 모두 나쁘다. 그런 사람의 특징은 자신의 결점을 찾지 못한다. 설사 누가 알려주어도 그것을 인정하려고 하지 않는다.

자신이 의롭다고 생각하는 사람과는 인간관계가 힘들다. 그러나 자신이 부족하다고 생각하면 다른 사람을 귀하게 여기며 배우는 자세로 임하기에 인간관계가 좋다. 자신의 부족함을 아는 만큼 상대방의 귀함이 보인다. 날마다 자신을 죽이고 자신의 부족함을 회개하면서 인간관계를 맺는다면 만나는 사람이 모두 소중하고 가치가 있다. 그리스도인은 반드시 그래야 한다. 어린아이에게도 배울 것이 있다. 무식한 무학자에게도 배울 점이 많다. 지식이 많은 학자라 할지라도 무식한 사공에게 배울 점이 있다. 배가 뒤집어지면 수영은 사공이 더 잘한다. 그때는 학자가 사공에게 도움을 구해야 한다.

어떻게 하면 자신의 부족함을 발견할 수 있을까? 기억하라. 사람은 부족함을 아는 만큼 겸손해진다. 그러나 이것을 아는 것이 쉽지 않다. 사람에게 이것을 가르쳐 주기 어렵다. 누구도 잔소리를 좋아하지 않는다. 모든 사람은 부족하기에 상대방의 말에 잘 귀를 기울이지 않는다. 늘 경험하는 것이지만 사람이 사람을 가르친다는 것은 정말 어려운 일이다. 가장 좋은 방법은 성령이 스승이 되어서 성령이 깨닫게 하는 것이다.

위대한 분 앞에 서면 우리의 존재가 작아진다. 완전한 분을 만나면 자연스럽게 우리의 허물이 보인다. 문제는 누구를 만나느냐에 따라 우리의 존재가 달라진다.

그리스도인은 위대하시고 완전하신 하나님을 말씀을 통해서 만나는 시간이 필요하다. 날마다 말씀을 통해 하나님을 만난다면 자연스럽게 우리의 부족함을 알게 되고 거기서 인간관계 능력을 터득하게 된다. 꼭 기억하라. 자기가 잘났다고 여기는 순간 인간관계는 더 힘들어질 수밖에 없다는 것을……

# 상대방을 불신하고 있다

인간관계가 좋은 사람은 상대방을 신뢰하는 신뢰도가 높다. 반면에 인간관계가 좋지 못한 사람은 상대방을 신뢰하는 신뢰 지수가 약하다. 상대방을 불신하면 모든 것이 문제가 된다. 큰 문제가 되지 않는 하찮은 것일지라도 불신이 작용하면 문제가 되므로 서로 간에 신뢰감이 무너지지 않기 위해 평소에 신뢰감을 쌓아야 한다. 하지만 신뢰는 하루아침에 생기지 않는다. 오랜 기간에 걸쳐 신뢰를 쌓아야 한다. 그래서 신뢰는 다른 어떤 것보다 어렵다.

상대방을 신뢰하는 것은 크게 두 가지 면에서 생각해 볼 수 있다. 그것은 인간에 대한 신뢰도와 능력에 대한 신뢰도이다. 인간관계에서 중요한 것은 인간성에 대한 부분이다. 이것에 신뢰감이 생기지 않으면 어느 것을 해도 상대방을 신뢰하기 어렵다. 인간성은 인격에 대한 부분으로 정직, 성실, 배려, 책임, 인내 등을 말한다.

다음으로 능력에 대한 것인데 인격적으로 신뢰할 만해도 그가 가진 능력이 부족하면 신뢰도가 떨어진다. 특히 직장이나 일터에서 일을 처리하는 과정에 이 부분이 많이 작용한다. 그러므로 신뢰도를 높이기 위해서는 인격과 실력을 함께 키워야 한다.

그럼 여기서 신뢰감을 갖기 위한 방법에 대해 알아보자. 먼저 상대방에게 호의성을 지속적으로 보이도록 하자. 그러면 신뢰형성에 많은 도움을 준다. 또 진실된 말과 말에 대한 책임을 지도록 하자. 이때 신뢰감이 더 높아진다. 신뢰감은 특별한 경우에 생기기보다는 평상시에 쌓여진다. 상대방에 대한 이해와 공감이 쌓이다 보면 점차 신뢰하게 된다.

인간관계에서 신뢰감을 얻는 것 이상 좋은 방법은 없다. 인간관계가 힘든 것은 자기도 모르게 불신하는 경향 때문이다. 우리 속담에 "천 길 물 속은 알아도 한 길 사람 마음은 모른다."는 말이 있다. 이것은 그만큼 사람의 마음을 믿을 수 없다는 것이다. 언제 어떻게 돌변할지 아무도 모르기에 사람은 상대방에 대해 의심과 경계를 갖는다. 특히 잘 모르는 상대방을 만났을 때는 일단 의심의 눈초리로 상대방을 보게 되는 것이 일반적인 현상이다.

두 번째로 약속을 이행하자. 약속을 이행하는 것은 매우 중요하다. 모든 신뢰는 약속에서 시작된다. 철강 왕 앤드류 카네기는 "아무리 보잘 것 없는 것이라도 한 번 약속한 일은 상대방이 감탄할 정도로 정확하게 지켜야 한다."고 말했다. 탈무드에서도 아이들 교육에 있어서 약속을 실천하는 것만큼 중요한 것이 없다고 했다.

끝으로 사단은 사람을 늘 의심하게 하기에 잘못된 계략에 대해서는 분별할 수 있는 마음을 갖는 것이 필요하다. 그렇지 않으면 꼬임에 넘어갈 수 있다. 말씀을 통하여 진리를 훈련하면 거짓에 넘어가지 않게 된다. 사람에 대해서 의심하기보다는 그래도 믿고 사는 것이 인간관계를 잘하는 방법이다. 처음 만나는 사람은 어느 정도 시간이 지날 때까지는 경계를 해야 하지만 오랫동안 만남이 이어진 사람과는 믿음으로 관계를 지속하는 것이 좋다. 사람은 신뢰하는 사람을 따르는 법이다.

# 서로를 잘 모르고 있다

인간관계를 힘들게 하는 일차적인 요인은 상대방에 대한 지식이 부족한 경우가 많다. 상대방에 대한 정보와 지식이 부족하여 오해를 하거나 내 위주로 잘못된 판단을 하기 때문에 대화가 힘들고 접촉점을 찾기 어렵다. 그래서 낯선 사람과는 인간관계를 맺기가 어려운 것이다.

그러면 인간관계를 잘하기 위해서는 어떻게 해야 하는가? 자주 만나서 상대방에 대한 정보와 지식을 쌓아야 한다. 충분한 이해가 있으면 대체적으로 인간관계는 원만하게 진행될 수 있다. 그러나 상대방에 대한 지식이 부족하면 오해와 편견이 작용함으로 인간관계가 쉽지 않다.

처음에는 거부감이 생기는 사람일지라도 막상 사람을 만나보고 상대방을 이해하는 단계가 되면 좋은 관계를 유지할 수 있다. 사람마다 나름대로 취향과 성격과 문화가 다르기에 그것을 미리 이해하는 것은 인간관계의 필수적인 요건이다. "아는 만큼 친해진다."

는 말이 있다. 누구든지 자주 만나고 대화하면서 속사정까지 알게 되면 자연스럽게 친밀감이 더해지고 좋은 인간관계를 맺을 수 있다는 뜻이다.

즉, 상대방에 대한 배움이 없으면 자기 입장에서 상대방을 판단하고 비난하기 때문에 겸손한 마음과 배움으로 관계를 시작해야 된다는 이야기다. 사람은 누구에게나 배울 점이 있다. 심지어 어린 아이에게도 배울 점이 있다. 사람을 대할 때 이런 겸손함으로 자기를 낮추면 좋은 점이 보이게 되고 상대방과도 좋은 인간관계를 유지할 수 있다.

무엇이든지 노력 없이 이루어지는 것은 없다. 무지가 죄를 낳는다. 상대방에 대한 지식이 부족할수록 복잡하고 어렵다. 어디서부터 어떻게 문제를 해결해야 할지 모른다. 인간관계 갈등이 생길 때는 지금 상대방을 배우고 있는 중이라고 생각하자. 그러면 한결 마음이 가벼워진다. 어려운 공부도 하다 보면 쉬워지는 것처럼 힘든 인간관계도 상대방에 대해 배우는 시간이 계속되면 어느 날 길이 보인다.

# 이기적인 욕심을 갖고 있다

 인간은 모두가 죄인이다. 사람의 마음속에는 이기적인 욕심이 가득 차 있다. 인간의 탐욕은 바닷물을 모두 먹는다 해도 부족하다. 인간이 멸망하는 것은 탐욕 때문이다. 이것은 모든 인간에게 해당되는 이야기다.

왜 사람을 만나서 인간관계를 맺고 싶어 하는가? 상대방을 통하여 무언가를 얻고 싶은 욕구 때문이다. 자신의 욕구를 충족해 주는 사람에게는 사람들이 몰린다. 어떻게 하든지 그런 사람과 관계를 맺고 싶어 한다. 힘을 가지면 사람들이 몰리는 법이고, 만나자는 사람도 많아진다.

그러나 힘이 없으면 있던 사람도 떨어진다. 이것이 세상에서의 인간관계 모습이다. 그들은 인맥이 될 만한 수단이 있으면 모두 동원하여 힘을 가진 사람과 관계를 맺으려고 한다. 그러나 그런 인간관계는 어느 날 상대방에게 실망하게 되면 하루아침에 깨지고 만다. 혹시라도 자기에게 피해가 되는가 싶으면 언제 만났는가

싫을 정도로 관계를 철저히 부정하고 배반한다.

왜 그럴까? 인간의 욕심으로 인간관계를 맺기 때문이다. 이런 인간의 욕심을 파악하지 못하면 잘못된 인간관계를 맺게 되고 그것은 나에게 오히려 독이 될 수 있다. 정치적으로 성공한 사람이 어느 날 과거에 맺은 부적절한 인간관계 때문에 낙마하거나 구속되는 것이 이런 경우에 속한다.

예수님을 3년 따라다니던 제자 베드로는 예수님께서 십자가 죽음을 택하시자 예수님을 세 번이나 모른다고 부인한다. 예수님과 맺은 스승과 제자의 인간관계를 모르는 저주의 관계로 바꾸어 버린다. 물론 나중에 슬피 울며 회개를 할지라도 일단은 부인하고 보는 것이 인간 심리다. 이것을 보면 인간의 얼마나 이기적인 욕심으로 가득 차 있는지 알 수 있다.

세상은 이런 일이 비일비재하다. 나중에 부적절한 옛날의 관계가 드러나서 법적인 처벌을 받는 사례가 끊이지 않는다. 이것은 힘을 무기로 하는 경제와 정치권에서는 늘 일어나는 일이다. 서로 관계를 맺기 위해 지금도 동분서주하는 철새 정치인들이 많다. 그들과 연관성을 갖고 성공을 꿈꾸는 사람들도 많다. 뇌물을 받고 그 뇌물의 대가로 혜택을 주는 악의 구조는 우리 사회에 깊게 깔려 있다. 마치 땅 밑에 광케이블로 인터넷 연결망이 설치되어 있듯이 우리 사회는 이런 인맥들로 가득 차 있다. 세상에서의 인간관계는 이런 숨은 욕심과 깊은 연관이 있다.

하지만 그리스도인의 인간관계는 이런 인맥과는 다르다. 신앙이 타락하는 것은 세상처럼 인간관계를 맺고자 할 때 생긴다. 예배에 참석하는 것이 정치 입문을 위한 수단으로 여기는 경우도 있다. 선거철이 되면 어김없이 교회에 찾아와 예배하며 인사하는 정치인들을 본다. 교회가 숫자적으로 힘이 있다 보니 그렇게 생각할 수 있다. 국회의원이나 대선 주자들이 신앙을 가지고 있지 않음에도 불구하고 이 종교 저 종교 집회에 참석하여 참배하고 예배하는 모습들은 아무래도 편안하지 않다. 그런 인간관계는 진정성이 없고 수단으로 여겨진다.

인간의 숨은 욕심은 누구도 알 수 없기에 인간관계는 말처럼 간단하지 않다. 언제 어디서 문제가 돌출될 지 모른다. "좋은 인간관계를 갖는 것이 과연 무엇을 위한 것인가?"하는 질문까지 하게 된다. 세상적인 인간관계 기술을 알려주는 책들은 이런 비법에 관심을 둔다. 그러나 그리스도인의 인간관계는 그들과 근본적으로 다르다. 세상과 차별성을 두지 못하면 인간관계는 인본주의적으로 흐를 수 있다. 자기 욕심을 이루기 위해 수없이 스펨 전화로 우리와 관계를 접속하려고 하는 사람들 때문에 우리는 하루에도 몇 번씩 시달린다. 그런 욕망에 우리가 미혹되면 안 된다. 이런 인간관계에 이끌리면 한순간에 공멸하게 된다. 대박의 유혹을 이기지 못해 그런 사람들과 관계를 맺으면 마지막은 패망하게 된다. 좋은 인간관계를 위해서는 바른 분별력을 갖고 늘 근신하여 깨어 기도하는 것이 무엇보다 필요하다.

# 각자의 차이를 이해하지 못하고 있다

지금 세계 인구는 70억 명이다. 셈하기 조차 어려운 숫자이다. 그런데 70억 명이 한 사람도 같지 않다. 70억 명은 개개인 모두가 자기 나름대로 독특한 가치를 지닌 세상에서 유일한 존재다. 그 속에 내가 존재하고 우리의 가정과 이웃이 들어 있다. 복사판이 아닌 유일한 존재로서 말이다. 그러니 그런 사람을 이해한다는 것이 쉽지 않다. 각각의 개성을 존중하고 그것을 이해하는 마음이 없으면 힘들다.

내 관점으로 상대방을 보려는 생각을 처음부터 버려야 인간관계를 잘 할 수 있다. 인간관계가 안 좋은 사람은 상대방의 이해도가 낮은 편이다. 상대방을 이해하려고 하기보다는 자기 주장을 고집한다. 충분한 대화를 통해 상대방의 이야기를 경청하면 누구든지 이해가 가능함에도 불구하고 이런 노력 자체를 하지 않는다. 그러다 보니 서로 좋은 관계를 유지하기가 힘들게 되는 것이다.

그럼 여기서 각각의 차이를 이해하기 위해 개인이 가지고 있는 차이점을 살펴보자.

　첫째, 관점의 차이가 있다. 같은 사실에서도 관점에 따라 서로 다르다. 같은 시간에, 같은 장소에서, 똑같은 문제를 보아도 관점이 다르기에 동일하지 않다. 같은 이야기를 들어도 이해하고 받아들이는 것이 다른 점은 이런 이유 때문이다.

　말을 한다고 모두가 똑같이 듣는 것은 아니다. 본다고 모두가 똑같이 보는 것 역시 아니다. 관점과 흥미에 따라 보이기도 하고 안 보이기도 한다. 여기에서 소통의 차이가 생긴다. 이것을 이해하지 못하면 당연히 갈등이 생기고 싸움까지 한다.

　둘째, 발달과 성숙도의 차이가 있다. 어른들이 보는 것과 아이들이 보는 것은 차이가 있다. 전문가가 보는 것과 아마추어가 보는 것은 같은 그림을 보아도 차이가 있다. 이런 차이점을 인정하고 들어가면 다툴 이유가 없고 서로 다르게 보는 것에 대해 이상하게 생각하지 않는다.

　그러나 우리는 나와 같지 않으면 상대방을 비난하고 틀렸다고 지적한다. 믿음의 성숙도에 따라 같은 일도 다르게 보인다. 이런 기본적인 상식을 이해하도록 노력하면 어떤 인간관계도 해결할 수 있다.

　셋째, 문화와 환경의 차이가 있다. 어떤 상황에서 보느냐에 따라 보는 것이 서로 다르다. 마음이 여유 있을 때와 급할 때는 서로 다르게 보이고 들린다. 또 경험한 문화와 환경에 따라 이해도가 전혀 다를 수 있다.

신앙적인 환경에서 자란 사람에게는 주일날 교회 가는 것이 이상하지 않다. 그러나 세상적인 환경에서 자란 사람은 주일날 교회에 가는 것이 답답하게 보일 수 있다. 우리의 생각과 행동은 이렇게 문화와 환경을 벗어날 수 없다. 이런 차이점을 이해하려면 하루 아침에 안 된다. 시간을 두고 기다려야 한다. 너무 급하게 판단하지 말고 대화를 나누고 상대방의 문화를 이해하면서 접촉점을 찾아가는 지혜가 필요하다.

# 상대방에 대한 기대치가 너무 크다

 우리는 서로 만나면서 상대방에 대한 기대치를 가지고 있다. 그러다 보니 자기 기대치와 차이가 생길 때에는 인간관계에 문제가 생긴다. 그 차이가 크면 클수록 인간관계는 더 힘들어진다.

부모와 자녀와의 관계에서는 이런 문제가 흔히 나타난다. 예를 들면, 부모는 자녀가 좋은 대학에 들어가주길 바라는 반면 자녀는 공부에는 관심이 없고 오직 게임에만 열중한 경우이다. 이런 상황에서 부모는 자녀에게 잔소리를 하면서 공부하라고 재촉한다. 그러나 공부가 싫은 아이에게 이런 요구는 견디기 힘들다. 여기에서 부모와 자녀의 갈등은 시작되고 나중에는 가출과 폭력까지 이어진다. 이것이 바로 부모의 기대치가 너무 컸기 때문에 나타나는 현상이다.

상대방에 대한 기대치를 낮추면 관계는 쉽게 해결이 된다. 솔직하게 말하면 자녀가 건강하게 자라는 것 하나만으로도 행복하다.

건강이 나빠 늘 병치레하는 아이에게 좋은 대학을 요구하지 않을 테니까 말이다. 그런 자녀에게는 그저 건강하게만 자라는 것이 부모의 소원이다. 간단하게 해결이 될 수 있음에도 어려운 것은 욕심과 기대치의 차이가 너무 크기 때문이다. 이것은 부부에게도, 직장 동료 간에도 동일하게 적용되는 부분이다. 남에게 무리하게 요구하지 말고 자기의 일에 성실하게 최선을 다하도록 하는 것이 더 중요하다. 거기에서 만족하는 습관을 가져야 한다.

하나님께서는 우리에게 감당할 만큼 시험을 주시지 그 이상의 시험을 주시지 않는다. 그것이 바른 관계를 맺는 원리다. 할 수 있는 만큼의 분량에서 최선을 다하는 모습을 보여주는 삶이 될 때 인간관계는 좋게 유지된다.

흔히 큰 꿈을 품으라고 말한다. 그렇지만 감당하기 어려운 너무 큰 목표를 잡으면 더 힘들 수 있고 오히려 인간관계에 갈등이 생긴다. 잔소리가 많은 것은 상대방에 대해서 그만큼 기대치를 높게 잡았기 때문이다. 그것은 정작 상대방을 위하기보다는 자신의 욕망에 기인한 것이 대부분이다. 부모의 자존심, 남편의 체면 등을 생각하면서 상대방이 그렇게 해 주길 원하는 기대와 욕심이 인간관계를 힘들게 한다. 단순하게 생각하면 아무것도 아닌 문제가 우리에게는 큰 문제로 부각된다.

영국의 역대 수상 중 유일하게 유대인으로 수상을 지낸 디즈 레일러는 35세까지 독신으로 있다가 15살 연상인 여자와 결혼했다.

그런데 디즈 레일러가 선택한 여자는 젊지도 않고 미인도 아니고 그렇다고 머리가 좋은 것도 아니었다. 문학이나 역사에 관한 지식도 없었다. 남이 들으면 웃음이 터져 나올 터무니없는 소리도 태연히 말하는 그런 평범한 여자였다. 어떻게 보면 수상의 아내로서는 자격이 없는 여자였다. 복장이나 가구 실내장식이나 취미도 고상하지 못했다. 우리가 보기에는 최악의 커플이었다.

그러나 그녀는 30년 동안 싫증 한 번 내지 않고 오직 남편의 이야기만 하고, 남편을 침이 마르도록 칭찬만 하였다. 잔소리하지 않는 그녀는 디즈 레일러에게 큰 위안이 되었다. 디즈 레일러는 기회만 있으면 여러 사람 앞에서 아내야말로 자기 목숨보다도 더 귀중한 존재라고 말했다. 우리가 꿈꾸는 행복한 부부의 모습이다.

인간관계 속에서 행복의 비결은 아주 간단하다. 상대방에 대한 기대치를 낮추면 된다. 상대방이 할 수 있는 자기 능력을 인정하고 그것을 적극 사용하게 하면 상대방은 나에게 행복을 주는 존재로 다가오게 된다.

누구나 강점은 있는 법이다. 그것으로 우리의 기대치를 삼으면 어떨까? 인간관계가 힘든 이유는 상대방이 아닌 나의 큰 욕심에 있다. 그것이 나를 시험 들게 함을 기억하자.

"오직 각 사람이 시험을 받는 것은 자기 욕심에 끌려 미혹됨이니"(약 1:14)

# 잘못된 고정관념에 사로잡혀 있다

대부분의 사람은 인간관계 속에서 자신은 아무 잘못이 없다고 생각한다. 모든 것은 상대방이 잘못해서라고 말한다. 그래서 어떤 문제가 생기면 우리는 상대방을 비난하기에 바쁘다. 우리의 깨진 관계를 푸는 길은 상대방이 먼저 마음을 바꾸고 행동을 고치면 된다는 생각을 버려야 하는 것이다. 그러나 현실은 이와 정반대이다.

우리는 모든 것을 자신의 관점에서 판단하려는 습성이 있다. 인간은 자기 고정관념에서 모든 것을 보려고 한다. 이렇게 되면 누구와도 인간관계가 힘들게 된다. 인간은 언제나 상호관련이 있다. 어느 한 쪽만 문제가 되지 않는다. 소리는 양손이 부딪칠 때 나는 법이다.

인간관계가 풀리지 않는 경우는 대부분 자기 주장을 고집하기 때문이다. 한 쪽의 입장에서만 보면 문제 해결은 힘들다. 사소한 말다툼으로 이혼 법정에까지 오는 부부들이 있다. 그들은 서로 자기 의견만 이야기한다. 자기 고정관념에 사로잡혀 있다 보니 이런 막다른 상황이 생긴다. 이것을 해결하는 방법은 자기 생각이 잘못되었다는 것을 깨닫게 하는 일이다.

이때 상담자들이 흔히 사용하는 방법은 부부의 일상의 삶을 몰래 카메라로 촬영하여 그들의 삶을 객관적으로 보게 하는 것이다. 아니면 역할극을 통해 자신을 돌아보게 하는 것이다. 이것은 부모가 자녀에게 행하는 잘못된 교육법에서도 적용할 수 있다. 자기를 객관적으로 바라보면 자기 행동의 문제점을 발견하게 된다. 나중에는 눈물을 흘리며 상대방에게 용서를 구하며 문제가 해결되는 예가 많다.

우리는 자신을 객관적으로 살펴볼 기회가 없다. 상대방은 바라보지만 정작 자신에 대해서는 일생동안 제대로 보지 못하고 죽을 수 있다. 잘못된 생각임에도 그것을 느끼지 못하고 많은 죄를 범한다. 주변 사람을 힘들게 하고 상처를 주는 사람들은 거의 이런 사람들이다.

사람마다 자기 고집이 있다. 인간관계의 갈등은 서로 고집이 부딪칠 때 생긴다. 자기 고집을 꺾는 것은 쉽지 않다. 30년, 40년, 60년 동안 지켜온 고집을 하루아침에 버린다는 것은 어려운 일이다. 이것을 해결하는 한 가지 방법이 있다. 그것은 모든 것을 내 눈으로 보기 보다는 타인의 눈으로 보는 일이다. 그렇다고 내 자신을 완전히 무시하라는 이야기는 아니다. 나의 주관적인 생각이 객관적으로 얼마나 타당성이 있고 남에게도 유익이 되는지 살펴보아야 한다.

나에게만 유익이 된다고 해서 진정 좋은 것은 아니다. 나도 유익하지만 상대방에게도 유익한 것이 되어야 진짜 좋은 것이다. 그렇지 못한 것이 발견되면 하나씩 내려놓는 연습을 해야 한다. 물론 하루아침에 이루어지지 않는다. 조금씩 내려놓음으로써 우리는 드디어 자유하게 된다. 상대방의 생각이 받아들여지기 어렵거든 절대적인 기준인 하나님의 말씀을 통하여 그 앞에서 우리 자신을 죽이는 연습을 하자.

바울이 날마다 자신을 죽이는 연습을 한 것처럼 우리도 '나는 날마다 죽노라.' 하고 기도하자. 나를 힘들게 하는 것은 상대방이 아닌 나의 고집과 잘못된 편견이다. 지금부터 나의 고집을 내려놓고 잘못된 편견이나 생각이 있다면 하나씩 포기하는 시간을 가져 보면 어떨까. 그렇게 되면 어느 날 내 마음에 평강과 기쁨이 찾아오면서 상대방이 좋게 보이고 감사하게 느껴질 것이다.

## 인간관계의 잘못된 고정관념

❶ 두 사람의 마음이 맞지 않아 행복하지 못하다.
노력해서 바뀔 수 없는 것은 본래 다름을 빨리 인정하는 것이다.
먼저 내가 마음을 바꾸고 행동을 고쳐야 한다.

❷ 갈등이 끊이지 않아 행복하지 못하다.
문제는 종결 안 되어도 감정은 종결할 수 있다. 옳고 그름을 따지지 말고 다름을 즐기면서 일상을 계속하라.

❸ 공동의 관심사가 없어서 행복하지 못하다.
억지로 하는 것은 오히려 좋지 않다. 가능한 작은 것에서 공통적인 것을 찾아라.

❹ 너무 큰 소리를 치고 자주 다투기에 행복하지 못하다.
방법의 차이일 뿐이다. 적절하게 조절하면 큰 문제가 없다.

❺ 있는 그대로 솔직하게 속에 있는 말을 다해야 친밀하다.
감정을 적절하게 절제하고 상황에 따라 할 말과 하지 말아야 할 말을 구별하라. 말을 안 해도 행동이 더 크게 말할 때가 있다.

❻ 문제가 있는 사람과 함께하기 힘들다.
문제로 생각하면 문제이지만 그렇지 않으면 문제가 안 된다.

❼ 정해진 규칙과 방법이 꼭 있어야 한다.
방법의 정석은 없다. 규칙은 늘 달라질 수 있다. 두 사람에게 유익하면 좋은 방법이다.

❽ 상대방이 바뀌어야 관계가 좋아진다.
나의 생각과 태도에 따라 상황이 달라질 수 있다. 내가 변해야 상대방도 변한다.

# 십자가만이 인간관계를 해결하는
# 유일한 방법이다

왜 이렇게 인간관계가 힘들고 복잡한가? 서로 사랑해야 할 사이가 원수처럼 지내고, 서로 다투며 살아갈까? 이렇게 생각하며 사는 사람이 생각보다 많을 것이다. 서로 힘을 모아서 살아도 살기가 힘든데 이렇게 다투면서 살면 단 하루도 살기가 힘들다.

환경 때문에 힘든 것이 아닌 사람 때문에 지친다. 그것도 먼 사람이 아닌 아주 가까운 사람이 나를 힘들게 한다. 우리는 종종 '웬수'라는 말을 많이 한다. 인간관계가 잘 안 될 때 하는 시쳇말이다. 인간이 사는 곳이면. 인간이 모이는 곳이면 항상 문제가 있기 마련이다. 무인도에서 살지 않는 한 어디든지 인간관계는 발생한다. 그렇다면 "인간은 왜 이런 문제를 안고 살아야 하는가?" 하는 근원적인 질문이 생긴다.

성경은 이것에 대해 죄 때문이라고 말한다. 여기서 죄는 인간이 스스로 만든 것이다. 가장 좋은 관계를 맺어야 할 창조주 하나님과의 관계가 깨짐으로써 이런 현상이 생긴 것이다. 인류의 조상인 아담과 하와가 하나님의 말씀을 어김으로써 하나님과 약속의 관계가 깨졌다. 그것이 인간의 힘을 상실하게 했고 그것은 그대로 아담과 하와의 부부관계를 파괴시켰다.

벗었으나 부끄러워하지 않는 그렇게 좋은 관계로 살았던 아담과 하와가 죄를 지음으로써 서로를 부끄러워하게 되었다. 그리고 아담이 하와를 탓하는 습성이 생겼다. 남을 탓하는 전형적인 인간관계의 파괴의 모습이다. 이것은 그의 아들 아벨과 가인에게도 그대로 이어져 결국 형제를 살인하는 단계까지 이르렀다.

창세기 3장을 읽어 보면 인간의 죄에 대한 발전과정이 나온다. 죄는 관계를 파괴하는 암과 같은 것이다. 죄과 들어옴으로써 모든 인간관계가 금이 가고 결국은 파탄에 이르게 된다. 그것은 암처럼 번져 우리 사이를 계속 파괴시킨다.

복잡한 인간관계를 해결하기 위해서는 죄의 문제를 먼저 해결해야 한다. 심리학자들은 그럴듯한 다양한 인간적인 처방을 내놓지만 그것은 근원적인 문제를 해결하지 못한다. 일시적인 처방일 뿐이다. 세상에 소개되고 있는 인간관계에 대한 책들은 거의 이런 유형의 책들이다. 근원적인 죄의 문제는 회피하고 겉으로 드러난 일시적인 문제만 처방을 하다 보니 인간의 마음과 관계를 다루는 책들이 많이 나옴에도 무언가 부족하여 계속 비슷한 책들을 찾는 것이다.

왜 이렇게 부족함을 계속 느끼는 이유는 무엇일까? 그것은 근본 원인을 제대로 발견하지 못했기 때문이다. 인간관계를 파괴하는 주범은 죄다. 그런데 그 죄는 인간이 노력한다고 해결되는 것이 아니다. 세상에서는 인간관계의 해결점을 인간 스스로에게 돌린다. 세상의 책들을 보면 동일하게 반복되는 마약과도 같은 메시지가 있다. "인간은 위대하다. 마음먹은 대로 할 수 있다. 포기하지 말고 도전하면 꿈을 이룰 수 있다. 자신 안에 있는 숨은 능력을 사용하라. 긍정적인 에너지를 갖고 도전하면 무엇이든지 이룰 수 있다."

그러나 그렇지 않다. 여기에 속으면 안 된다. 그것은 어느 정도 맞는 것처럼 들리지만 알고 보면 그럴싸한 속임수이다. 단언하건대 인간의 문제는 인간이 스스로 해결할 수 없다. 인간은 스스로 해결할 수 있는 능력을 상실했다. 인간 사이가 이렇게 나쁘게 되는 것은 하나님과 관계가 깨진 데에서 오는 저주요, 죄의 대가로 오는 징벌이다.

인간관계의 문제를 죄의 관점에서 보지 못하면 근원을 해결할 수 없다. 성경은 인간관계가 깨진 불행한 상황을 해결하고 치유하는 길을 제시한다. 예수님이시다. 예수님께서 세상에 오신 것은 하나님과 인간 사이에 막힌 담을 헐고 화해하러 오셨다. 우리가 할 수 없는 것을 아시기에 친히 인간이 되셔서 이 문제를 그리스도를 통해 해결하신 것이다.

십자가만이 인간관계를 해결하는 유일한 방법이다. 오직 십자가의 은혜로만이 관계를 회복할 수 있다. 이웃을 사랑하고 이해하고 배려하고 경청하고 책임지는 모든 인간관계의 일은 십자가를 통해서 용서받은 사랑으로만이 가능하다. 그 힘이 외부로부터 나에게 선물로 부여 받을 때 비로소 인간관계의 해결점은 열리게 된다.

"그는 우리의 화평이신지라 둘로 하나를 만드사 원수 된 것 곧 중간에 막힌 담을 자기 육체로 허시고 법조문으로 된 계명의 율법을 폐하셨으니 이는 이 둘로 자기 안에서 한 새 사람을 지어 화평하게 하시고 또 십자가로 이 둘을 한 몸으로 하나님과 화목하게 하려 하심이라 원수 된 것을 십자가로 소멸하시고 또 오셔서 먼 데 있는 너희에게 평안을 전하시고 가까운 데 있는 자들에게 평안을 전하셨으니 이는 그로 말미암아 우리 둘이 한 성령 안에서 아버지께 나아감을 얻게 하려 하심이라"(엡 2:14-18)

# 사단의 간계에 속는다

앞에서 언급한 것처럼 인간관계 문제는 인간의 힘으로는 한계가 있다. 인간의 문제이지만 본질적으로는 영적인 사건이기에 영적 능력을 통해서만 가능하다. 죄를 짓게 하고 죄를 지배하는 것은 사단이다. 오늘도 사단은 죄를 통하여 죄의 노예가 되게 한다. 그리고 수많은 사람들의 관계를 파괴한다.

인간관계를 해결하는 키워드는 뒤에서 주도하는 사단을 영적으로 보는 일이다. 단순히 인간적인 감정과 생각으로는 해결할 수 없다. 그럴듯한 방법과 핑계와 합리화를 가지고 인간을 파괴하는 사단의 간계를 파악하는 능력을 가져야 한다. 깨진 인간관계는 이런 면에서 세상 사람들이 주도할 수 없다. 그리스도인들이 앞장서서 이 일을 주도해야 한다. 주님께서 십자가에 죽으시면서 그렇게 하신 것처럼 우리도 자기를 희생하고 자신을 죽이면서 대적 사단을 무력화시켜야 한다.

이런저런 방법을 다 사용해도 인간관계가 풀리지 않는 이유는 사단의 속임수 때문이다. 사단의 목표는 오직 하나다. 인간과 하나님 사이를 이간시켜 관계를 끊는 일이다. 이미 지옥에 들어가는 심판을 받은 사단은 마지막에 가까울수록 극렬하게 인간관계를 파괴하는데 주력한다. 사단은 자기와 같이 지옥에 갈 동반자를 찾는다. 생각하면 무서운 일이다. 사단은 인간관계를 파괴하는 주도권을 갖고 있다. 이것을 이길 수 있는 길은 인간의 힘으로는 불가능하다. 중요한 해결점은 상대방도, 나도 아니다. 오직 성령의 능력으로만 사단을 물리칠 수 있다. 그렇지 않고는 근원적인 인간관계 문제를 해결할 수 없다. 내가 나를 어떻게 하지 못하는 이때 나를 감싸고 있고 인간을 배후를 조종하는 사단의 전략을 영적으로 파악해야 한다.

　일상 속에서 인간관계를 어렵게 하는 것들이 있다. 예를 들면 욕심, 교만, 다툼, 미움, 시기, 질투, 이간질, 거짓말, 음란, 의심, 불평, 원망 등은 모두 사단이 만든 작품들이다. 우리는 이런 유혹에 넘어지고 쓰러진다. 이것은 내가 하는 것이 아니다. 상대방이 하는 것도 아니다. 사단이 우리 마음속에 들어와 우리를 배후에서 조종하는 것이다. 이렇게 해서 얻는 것은 사단과 함께 멸망하는 길뿐이다.
　사단은 눈에 보이지 않는다. 그래서 사단을 구별하기 어렵다. 사람을 미워하지 말고 사단을 미워해야 한다. 그래야 죄를 짓지 않는다. 사단은 욕심과 시기를 불러일으키는 존재다. 만약 육신의 일로 우리를 미혹하게 한다면 그것이 사단의 모습이다. 지금이라도 내가 사로잡혀 있는 것은 없는지 자세하게 살펴보자. 나의 말과 행동을 유심히 살피면서······.

> "육체의 일은 분명하니 곧 음행과 더러운 것과 호색과 우상 숭배와 주술과 원수 맺는 것과 분쟁과 시기와 분냄과 당 짓는 것과 분열함과 이단과 투기와 술 취함과 방탕함과 또 그와 같은 것들이라 전에 너희에게 경계한 것 같이 경계하노니 이런 일을 하는 자들은 하나님의 나라를 유업으로 받지 못할 것이요"(갈 5:19-21)

**4**
**핵심을 알면**
**인간관계에**
**성공한다**

# 인간관계는 만남이다

인간관계는 '사람과 사람 사이'를 말한다. 한자어 인간(人間)은 관계적인 의미를 담고 있다. 두 사람이 상호 연결해야 인(人)자를 이룰 수 있다. 이것은 사람은 혼자서 설 수 없을 말한다. 사람은 관계를 통해서 진정 사람다워지며, 사람에게 있어 관계는 사람다움을 만들어 가는 중요한 요소다. 관계는 만남을 통해서 이루어진다. 좋은 만남을 가져야 좋은 사람이 된다. 어떻게 하면 좋은 만남을 가질 수 있을까?

대화의 철학자로 잘 알려진 마틴 부버가 쓴 『나와 너』라는 책은 세계적으로 주목을 받는 책이다. 비록 100쪽도 안 되는 작은 책이지만 인간관계에 대한 핵심을 전달하고 있다. 마틴 부버는 이 책에서 '나와 너'의 만남을 강조한다. 이것은 인격적인 만남이다. 그러나 '나와 그것'과의 만남이 되면 불행하다고 말한다. '그것'과의 만남은 물질적인 만남이다.

마틴 부버는 유대 사상가요 교육가로서 히틀러를 악의 화신으로 비판한 장본인이다. 그는 유대 민족이 팔레스타인에서 아랍 민족을 축출할 때 비민주적이고 비문화적인 시오니즘이라며 저항했다. 그와 같은 일을 할 수 있었던 이유는 차별받는 유대인으로 태어나 홀로코스트라는 억압 속에 있던 그를 사랑하고 지지해 준 독일 지배계층의 딸 파울라를 만났기 때문이다. 그것이 그 유명한 고전 『나와 너』를 쓰게 된 배경이다. 좋은 사람과의 만남은 그의 인생을 바꾸어 놓았다. 우리도 누구를 만나느냐에 따라 인생이 달라진다. 위대한 사람들은 한결같이 좋은 만남이 있었다. 이렇게 보면 좋은 사람을 만난다는 것은 큰 축복이다.

사단은 우리의 만남을 잘못된 만남으로 이끈다. '인간과 인간'으로 만나기보다는 '인간과 그것'으로 만나게 한다. 물질, 배경, 지위와 만남을 가지면 그것은 '나와 그것'과의 만남이 된다. 만약 결혼을 재산의 기준으로 삼는다면 그것은 '그것'과의 만남이다. 실제로 우리들 사이에는 이런 잘못된 만남이 많다. 사람을 만날 때 우리는 가진 물질을 생각하게 된다. 물질이 없으면 사람 만나는 것조차 꺼리는 사람이 있다. 이렇게 되면 순수한 인간과 인간의 만남이 될 수 없다. 인간의 만남에는 늘 물질이 수단으로 등장한다. 물질의 가치가 증가되면 인간의 만남은 퇴색된다. 이런 인간관계는 늘 문제를 동반한다.

정치권에서 사람들이 만나는 것을 보면 사람과 사람이 만나기보다는 목적과 수단이 주된 요인이 된다. 순수한 선물로 물질을 건네

주기보다는 대가성을 지닌 뇌물을 건네준다. 아니면 앞으로 무언가 해 주길 원하는 의미에서 만나게 된다. 그것은 선물이 아닌 서로 죽이는 독을 주는 것이다. 결과적으로 인간의 만남에 인격성은 사라지고 늘 물질적인 것이 중요한 기준이 된다.

진정한 만남은 그것과의 만남이 아닌 나와 너의 만남이 되어야 한다. 가장 좋은 만남은 가슴과 가슴, 인격과 인격, 영혼과 영혼이 만나는 것이다. 그리고 직접 대면하는 만남이 최고다. 요즈음 익명성을 가진 SNS가 발달하고 있다. 직접 만나기보다는 문자나 인터넷을 통하여 만난다. 물론 만날 수 없는 상황에서 이런 매체 활용은 만남을 지속하는 역할을 한다. 하지만 직접 대면의 만남보다 매체를 통한 만남은 오해가 쉽고 진심을 알기 어렵다. 오히려 잘못하면 인간관계가 깨지기 쉽다. 그것은 물체를 통한 만남이기에 인격성이 약화되면서 인간의 정을 잘 느끼지 못한다.

가장 좋은 만남은 인간과 인간이 인격적으로 만나는 것이다. 거기에 성별과 나이와 배경과 물질이 들어가면서 인간의 만남은 퇴색하게 된다. 이제부터 우리가 만나는 사람은 인격적인 만남이 되어야 한다. 이런 만남은 서로에게 변화를 주고 오랫동안 영향을 미치게 한다.

# 황금률을 적용하라

인간관계를 성공적으로 이끌어주는 법칙 한 가지를 말하라면 주님이 가르쳐 준 황금률을 들 수 있다. 이것은 인간관계 문제를 생각할 때 늘 염두에 두어야 할 기본이면서 핵심 원칙이다.

"그러므로 무엇이든지 남에게 대접을 받고자 하는 대로 너희도 남을 대접하라. 이것이 율법이요 선지자니라"(마 7:12)

여기서 율법이요 선지자는 구약성경을 의미한다. 이것은 구약성경의 핵심이라는 말이다. 짧은 구절이지만 성경의 핵심을 담고 있다는 점에서 중요한 구절이다. 그래서 사람들은 이 구절을 '황금률'이라고 말한다.

우리가 이 말씀을 보다 잘 이해하기 위해서 영어 성경의 표현으로 다시 풀면 다음과 같이 읽을 수 있다. "어떤 일이든지 다른 사람들이 네게 해 주는 대로 너도 다른 사람에게 하라." 여기서 '대접'의 한글 성경은 '모든 일'로 확대 적용되어도 무방하다. 대접에만 해당되는 것이 아니라 인간관계, 신앙, 정치, 사업 등에도 동일하게 이 말씀을 적용할 수 있다. 황금률의 의미를 잘 이해하기 위해서는 '그러므로' 앞에 있는 구절을 살펴볼 필요가 있다. "하늘에 계신 너희 아버지께서 구하는 자에게 좋은 것을 주시지 않겠느냐." 라고 반문하는 구절이 기록되었다. 이 구절과 같이 풀어본다면 이웃에게 대접하되 가장 좋은 것을 주라는 것이다. 그러면 가장 좋은 것을 다시 받게 된다는 뜻이 된다.

이러한 성경의 황금률은 많은 사람들이 적용해서 실제적으로 효과를 보고 있다. 특히 사업가들이 이 법칙을 적용한 예가 많다. 유대인들은 세계적으로 돈을 버는 일에 뛰어나다. 그들이 그렇게 돈을 잘 버는 이유는 바로 황금률을 그대로 적용한 결과다. 이런 원리를 그대로 적용한 사례도 많이 있다.

"남에게 대접받고자 하는 대로 너희도 남을 대접하라."고 외친 사우스 웨스트 항공의 리더 콜린 버렛은 고객이 받기 원하는 친절을 직원들에게 몸소 실천해 보였다. 그 결과 직원들의 변화가 뒤따랐다. 항공기 조종사가 직접 격납고에 짐을 싣는 것을 도와주고, 승무원은 몸이 불편한 승객을 집까지 데려다 주었다. 그 모든 것이 자신이 받고자 하는 친절이었다. 뿐만 아니라 직원들은 자신들의 실천이 회사의 비용을 감소하고 수익을 향상 시킬 수 있다고 느꼈다. 황금률을 효과적으로 회사에 적용해서 성공한 예이다.

이밖에도 '포춘'이 선정한 미국에서 가장 일하기 좋은 회사 리

스트에 단골로 선정되는 '시노버스 파이낸셜' 회장인 짐 블랜차드는 '섬기는 리더십'을 구현하기로 유명하다. 한 번은 그의 회사가 성공할 수 있었던 비결을 묻자 그는 이렇게 대답했다. "우리 회사는 오로지 단 하나의 법칙만이 존재합니다. 바로 황금률입니다." 황금률이 회사의 규범으로 선포된 지 첫 2년 동안 간부의 3분의 1이 퇴직을 당했다. 왜냐하면 그들은 사람들을 합당하게 대우하지 않았기 때문이다. 또한 짐 블랜차드는 매년 회사의 연례 미팅에서 모든 직원들에게 자신의 휴대폰 전화번호를 알려주고 시노버스에 소속된 직원이 누구든 황금률에 반하는 행동을 할 경우 즉각 그에게 전화하라고 말했다.

인간관계에도 이것은 그대로 적용된다. 예수님께서 제시한 황금률 법칙만 잘 적용해도 모든 인간관계를 해결할 수 있다. 우리가 인간관계에 실패하는 이유는 상대방이 무엇을 원하는지 잘 파악하지 못하기 때문이다. 그들의 욕구를 잘 이해하고 그것을 해 준다면 누구든지 인간관계에서 성공할 수 있다. 사람은 본래 자기의 욕구를 채워주는 사람 쪽으로 끌리게 되어 있다. 문제는 어떻게 상대방이 원하는 것을 알 수 있느냐 하는 것이다.

사실 그 방법은 간단하다. 내가 다른 사람에게 바라는 것을 내가 그대로 해 주면 된다. 내가 하고 싶은 일을 다른 사람에게 하게 하고 내가 받고 싶은 배려를 다른 사람에게 배려하면 그는 누구에게든지 환영받는다. 그런데 어떤 사람은 자기가 하기 싫은 일은 꼭 다른 사람에게 시킨다. 이렇게 되면 인간관계는 실패한다. 사랑은 나의 유익을 구하지 않고 다른 사람의 유익을 구하는 것임을 기억하자. 어떤 관계든지 이것만 적용할 수 있다면 누구든지 인간관계에서 성공할 수 있다.

# 역지사지(易地思之)가 해법이다

인생을 살면서 받는 스트레스 대부분은 일보다는 사람 관계에서 오는 경우가 많다. 실제로 취업포털 사이트 잡코리아에 따르면 직장인이 스트레스를 받는 이유로 '나를 자꾸 구박하는 상사나 건방진 부하 직원과의 인간관계가 힘들다.' 가 30.1%에 이른다고 조사되었다. 일이 맞지 않는 등 업무로 인해 생기는 스트레스의 경우 업무를 바꾸거나 아예 직업을 바꾸는 것으로 해결되지만, 사람으로부터 오는 스트레스는 상대와 자신을 잘 알지 못하면 쉽사리 해결되지 않는다. 직장을 그만 둔다고 해결 될 일이 아니기 때문에 적극적으로 근본적인 문제를 찾아 해결하는 자세가 필요하다.

이것을 위해 필요한 것은 '나와 상대방은 다르다.' 는 인식을 갖는 것이다. 흔히 '나라면 저렇게 안할 텐데.' 라는 생각을 많이 한다. 이것은 상대방을 나의 복사품으로 만들려는 시도이다. 상대방과 나는 많은 면에서 차이가 있다. 그런데 상대방이 나처럼 될 수 없다는 사실을 인정하지 않으면 그 순간 스트레스가 생기게 된다. 인간관계에서 받는 대부분의 스트레스는 상대방의 잘못된 행동에 문제가 있기보다는 나의 생각에서 문제가 있는 경우가 많다. 나와 상대방이 다르다는 것을 인지하지 못하고 상대방이 나와 같아지기를 바라는 잘못된 생각이 인간관계를 힘들게 만든다. 이때 필요한 것은 상대방의 마음을 먼저 헤아리는 것이다.

맹자(孟子) 이루(離婁)편은 중국의 전설적 임금인 우왕(禹王)과 후직(后稷)의 이야기가 나온다. 우왕은 치수(治水)에 능했던 왕이다. 그는 천하에 물에 빠진 사람이 있으면 마치 자신이 잘못해 그를 빠뜨린 것처럼 여겼다. 후직은 농업에 능했던 왕인데 그 역시 천하에 굶주리는 사람이 있으면 자신이 굶주리게 하는 것처럼 여기며 문제 해결에 전념했다. 여기서 '역지사지'의 한자 성어가 유래했다. 역지사지는 상대방 입장에서 생각해 보고 그 처지를 헤아린다는 뜻이다. 이것은 모든 인간관계의 갈등을 푸는 처방전이라 할 수 있다.

한 나라의 지도자가 통치를 잘하기 위해서는 백성의 마음을 잘 이해해야 한다. 모든 정치는 이런 마음의 헤아림에서 나오는 것이기 때문이다. 요즘 학교에서 왕따를 당하는 아이가 많아지고 있다고 한다. 왜 그럴까? 왕따 당하는 학생의 심정을 안다면 왕따를 시킬 수 없다. 자기는 즐거움으로 상대방을 괴롭히지만 괴롭힘을 당하는 상대방은 자살하고 싶은 마음이 생긴다. 공부를 해도 실력이 잘 안 오르는 자녀의 답답한 마음을 안다면 그렇게 공부하라고 부모가 강요하지 않을 것이다. 이 모두가 상대방의 마음을 헤아리지 못하는데서 오는 문제들이다. 어떻게 하면 역지사지의 능력을 스스로 키우는가 하는 것이 인간관계의 문제해결의 핵심이다.

우리가 예수님이 마음에 와닿는 이유는, 그는 근본 하나님이심에도 하나님이심을 고집하지 않고 낮은 곳에 오시어 사람과 같이 되셔서 우리의 죄를 대신하여 죽으신 사랑 때문이다. 우리 힘으로는 도저히 죄의 문제를 해결할 수 없음을 아신 하나님께서는 친히 우리의 문제를 스스로 해결하셨다는데 놀라운 감동이 있다. 하나님이야말로 역지사지의 최고의 모델이다. 하나님께서 우리의 마음을 아시고 모든 것을 주시면서 끝까지 사랑하셨듯이 우리도 하나님의 마음을 알고 그분의 뜻대로 사는 것이 진정한 신앙인의 자세이다. 그것이 우리가 가져야 할 주님께서 가르쳐 주신 역지사지의 마음이 아닐까? 이런 마음으로 세상을 바라보고 이웃을 대한다면 인간관계 때문에 스트레스를 받는 일은 없을 것이다.

"너희 안에 이 마음을 품으라 곧 그리스도 예수의 마음이니 그는 근본 하나님의 본체시나 하나님과 동등됨을 취할 것으로 여기지 아니하시고 오히려 자기를 비워 종의 형체를 가지사 사람들과 같이 되셨고 사람의 모양으로 나타나사 자기를 낮추시고 죽기까지 복종하셨으니 곧 십자가에 죽으심이라"(빌 2:5-8)

# 인간관계는 상대적이다

인간관계를 성공적으로 이끄는 또 하나의 핵심은 인간은 상대적이라는 것을 아는 데 있다. 한 번쯤 누군가를 짝사랑 하거나 받아 본 적이 있을 것이다. 한 사람이 상대방을 일방적으로 짝사랑하는 경우, 비록 결혼이 성사가 안 된다 해도 짝사랑을 받는 입장에서 보면 기분은 좋다. 짝사랑은 사람의 마음을 움직이는데 상당한 효과가 있다. 계속 사랑하다 보면 결국 상대방도 사랑하게 되는 실제 성공의 예가 있다. 다른 큰 결함이 없는 한 이것은 효과적이다. 물론 자기 욕심으로 스토킹처럼 상대방에게 집착하는 것은 오히려 역효과가 난다. 이것은 인간관계가 상대적이라는 원리를 잘 적용한 예이다. 이것은 모든 것에 그대로 적용된다.

성공적인 대인관계의 원리는 복잡하지 않다. 먼저 상대방을 좋아하고 사랑하고 섬기면 결국 그것이 나에게 메아리처럼 정직하게 돌아온다.

" 남을 사랑하면 나도 사랑받는다.

 남을 미워하면 나도 미움을 받는다.

 남을 행복하게 하면 나도 행복하게 된다.

 남을 불행하게 하면 나도 불행하게 된다.

 남을 도와주면 남에게 나도 도움을 받게 된다.

 남에게 피해를 주면 언제가는 나도 피해를 입는다.

 남에게 진실하면 진실이 통하게 된다.

 남을 칭찬하면 그 사람이 나를 칭찬하게 된다.

 남을 욕하면 역시 나도 남에게 욕을 먹게 된다.

 남에게 미소를 지으면 미소가 그대로 나에게 돌아온다.

 내가 찡그리면 상대방도 찡그리게 된다."


 인간관계는 정직하다. 내가 남에게 한 행동은 언젠가 나에게 그
대로 돌아온다. 나에게 안 오면 내 자손에게 온다. 우리가 이것을
믿는다면 무조건 베풀고 나누고 사랑하고 용서하며 살아야 한다.
문제는 이것을 누구나 잘 알고 있지만 실천이 잘 안 된다는 것이
다. 왜 그럴까? 그것은 욕심 때문이다. 하나라도 더 얻으려는 그
욕심이 이것을 거부하게 만든다. 이것만 실천하면 인간관계는 저
절로 해결된다. 마음에 욕심을 품고 살려니까 이것들을 실천하기
어렵지 마음을 비우고 다른 사람을 행복하기 위해 살아야겠다고
마음을 먹으면 인간관계는 생각보다 쉽다.
 흔히 인간관계가 힘들다고 말하지만 그렇지 않다. 방법이 어려
운 것이 아니라 마음이 어려운 것이다. 인간관계를 기술이나 능력

으로 맺으려 하면 오래가지 못한다. 스킬이 아닌 마음으로 사람을 대해야 한다. 만고불변의 진리가 있다. 그것은 심은 대로 거두는 '심고 거둠'의 법칙이다. 하나님께서 만드신 이 세상은 이 원칙 속에서 역사가 진행된다. 이 원칙이 깨지면 세상은 종말이 온다. 무엇을 심느냐에 따라 열매가 결정된다.

"스스로 속이지 말라 하나님은 업신여김을 받지 아니하시나니 사람이 무엇으로 심든지 그대로 거두리라 자기의 육체를 위하여 심는 자는 육체로부터 썩어질 것을 거두고 성령을 위하여 심는 자는 성령으로부터 영생을 거두리라"(갈 6:7-8)

인간관계에 실패하는 사람들은 대체적으로 한 가지 중대한 착각을 한다. 자기가 높아지기 위해서는 상대방을 비난해야 한다고 생각한다. 유리한 고지를 점령하기 위해서 상대방의 허물을 들추어내는 것이 이기는 방법이라고 생각하고 즐겨 사용한다. 이것이 바로 정치인들이 자주 사용하는 네거티브 전략이다.

그러나 이것은 잠깐의 효과는 있을지 몰라도 길게 보면 오히려 손해가 된다. 이것은 인간관계 원칙을 무시한 행동이다. 아직 인간관계 훈련이 안 된 미숙한 사람이 쓰는 어리석은 방법이다. 다른 사람의 흠을 들추어내려면 자신부터 흠이 없어야 한다. 그런데 과연 누가 흠이 없는 사람이 있을까? 털어서 먼지 안 나는 사람은 없다. 그것은 헛되고 어리석은 일이다. 오히려 더 큰 역풍을 맞을 수 있다. 아예 처음부터 시작하지 않은 것이 현명하다. 분명히 기억하라. 정말 크고자 하면 남을 섬기고 정말 으뜸이 되고자 하면 다른 사람의 종이 되어라. 다른 사람을 배려하고 허물을 덮어주고 자비를 베풀어라. 그러면 언젠가 나에게도 그런 자비와 은혜가 임하게 된다.

자연의 진리를 거슬리면 나에게 더 큰 화가 임한다. 인간관계에도 마찬가지다.

"비판을 받지 아니하려거든 비판하지 말라 너희가 비판하는 그 비판으로 너희가 비판을 받을 것이요 너희가 헤아리는 그 헤아림으로 너희가 헤아림을 받을 것이니라"(마 7:1-2)

# 인간관계 삼각형을 이뤄라

인간관계는 세 가지 관계에서 이루어진다. 세 가지 관계가 잘되면 인간관계는 성공할 수 있다. 그러나 세 가지 중 하나만 잘못되어도 인간관계는 무너진다. 이것을 인간관계의 삼각형이라 말한다. 세 변이 마주쳐야 삼각형이 되듯이 세 가지가 균형 있게 잘 이루어질 때 성공적인 인간관계를 이룰 수 있다. 그것은 하나님과의 관계, 자신과의 관계, 타인과의 관계이다.

삼각형이 세 변이 모여서 이루어지듯이 이 세 가지 관계는 서로 분리할 수 없다. 어느 것 하나를 구분하여 생각할 수 없다. 이 중에 어느 하나만 문제가 생겨도 인간관계는 갈등이 생긴다. 모든 인간관계의 갈등은 이 세 가지가 잘 이루어지지 않을 때 나타나는 문제다.

세상 사람들에게는 인간관계가 두 가지 밖에 없다. 자신과 타인이다. 인간관계에 문제가 생기면 제삼자가 들어가 해결하지만 한계가 있다. 왜냐하면 제삼자도 사람이기 때문이다. 그리고 그 사람 역시 같은 문제를 안고 있기 때문이다.

상담가들 중에 다른 사람의 문제는 잘 코칭해 주어도 막상 자신의 문제는 해결 못하는 예가 많다. 그래서 상담은 무엇을 가르치는 것이 아닌 들어주는 것이라고 말한다. 상담자 역시 같은 문제를 지니고 있기 때문이다. 어떤 경우는 상담자가 내담자보다 더 큰 문제를 갖고 있는 경우도 있다. 그래서 상담하다가 상담자 자신이 치료 받는 경우도 있다.

인간관계는 지식이 아닌 행함이다. 지식으로는 누가 보아도 좋은 해결점을 말할 수 있다. 하지만 그것을 자신이 실천하는 것은 또 다른 문제다. 아무리 좋은 해결점이 있어도 그것을 행하지 않으면 의미가 없다.


하나님과의 관계가 빠진 세상의 인간관계는 늘 문제가 생길 수밖에 없다. 잠시 해결이 될 뿐 또 문제가 발생한다. 상대방과 문제가 생기면 서로 어느 한 쪽이 양보하면 되지만 그것이 쉽지 않다.

여기에는 중재자가 필요하다. 그런데 우리처럼 죄를 가진 흠이 있는 사람은 그 역할을 할 수 없다. 이것이 예수님께서 필요한 이유다. 예수님께서 이 세상에 오신 것은 인간과 하나님, 인간과 인간의 사이에 막힌 담을 허물기 위함이다. 하나님께서는 인간과 인간 사이를 처음에 연결해 주신 분이시다.

인간과 인간이 만난 최초의 사건은 아담과 하와가 만난 것이다. 우리는 이것을 결혼이라 말한다. 결혼은 인간관계를 이루는 시작이다. 결혼을 통해서 우리는 서로 관계가 맺어진다. 그런데 그 관계를 우리 스스로 만난 것이 아닌 하나님께서 짝을 지어 주신 것이다. 성경에는 인간 사이에 문제가 생길 때 하나님께서 친히 개입하셔서 그 관계를 해결해 주신 내용들이 많이 나온다. 이것은 우리가 인간관계를 푸는 중요한 열쇠가 된다.

인간의 힘으로는 아무리 노력해도 안 되는 갈등이 있다. 그러나 그곳에 중재자 하나님이 들어가면 문제는 쉽게 해결된다. 인간관계는 인간에게 스스로 해결을 맡겨둘 수 없다. 인간관계는 인간만의 문제가 아니기 때문이다. 이것에는 하나님께서 개입하셔야 한다. 그렇지 않고는 해결이 힘들다. 여기에 세상 사람들의 인간관계 한계점이 있다. 인간관계에는 인간의 힘으로 풀 수 없는 일이 많다. 이것을 위해서는 하나님의 도움이 필요하다. 인간관계라 해서 인간관계만으로 생각하면 안 된다. 그건 오히려 인간관계를 막는 장애물이 된다. 인간을 만드신 하나님이 절대 필요하다.

인간관계가 잘 이루어지기 위해서는 하나님과의 관계가 중요하다. 하나님과의 관계가 무엇보다도 좋아야 한다. 이렇게 되면 인간관계는 자연히 좋아진다. 하나님과의 관계가 깨지면 인간관계는 늘 불안하다. 하나님이 없는 인간관계는 자기가 선택한 관계다. 그렇기에 언제나 자기의 기분과 감정에 따라 관계를 파기할 수 있는 위험을 갖고 있다. 쉽게 만나고 쉽게 헤어지는 사람들은 이런 관계성을 이해하지 못했기 때문이다.

결혼이 그 좋은 예가 된다. 결혼관계는 인간관계의 시작이다. 인류는 결혼을 통해서 인간관계가 시작되었다. 한 번 결혼이 깨지면 그 다음이 힘들다. 요즈음 한국사회에서는 이혼하는 사람들이 많아지고 있다. 알다시피 이혼율이 세계 1위다. 우리나라 이혼율은 프랑스, 영국, 일본 등 선진국보다 높다. 이혼 사유에서 가장 많은 것이 성격 차이다(45%). 그 다음이 가족 간 불화(14%), 경제 문제(14%), 배우자 부정(9.2%) 순이다. 이혼의 원인 중에 가장 큰 것은 바로 인간관계 문제다. 부부간의 성격, 가족간의 불화, 배우자 부정 등은 모두 인간관계의 문제에서 오는 것들이다.

특히 결혼 초기에 이혼이 많다는 점은 부부관계를 해결할 힘이 없는 초기가 가장 힘들다는 것을 말한다. 이것은 인간관계가 쉽지 않다는 것을 보여준다. 경제적으로 살기가 더 좋아졌음에도 예전보다 이혼율이 높아진 것은 인간관계 능력이 점점 떨어짐을 의미한다. 둘은 셋보다 약하다. 세 겹으로 엮은 줄은 끊어지지 않지만 두 겹은 쉽게 끊어진다. 부부가 평행선을 달리면 둘 관계는 금방 끝이 난다. 그것을 제어하고 다시 만나게 해 줄 힘이 없다. 이것이 둘만의 한계다. 그런데 여기에 한 분이신 하나님께서 들어가시어 삼각형 관계를 이룬다면 문제 해결은 훨씬 쉬워진다. 부부가 자녀를 낳지 않으면 헤어지기 쉬운 것처럼 주님을 주인으로 모시고 사는 부부는 여간해서 헤어지지 않는다. 남편과 아내는 서로 간에 본받을 점이 부족해도 주님은 본받을 수 있다. 주님을 닮다 보면 부부관계는 자연히 돈독하게 된다.

하나님과의 관계, 자신과의 관계, 상대방과의 관계는 서로 연결되어 있다. 삼각형 인간관계를 부부가 인내하면서 공부할 수 있다면 시간이 갈수록 관계가 좋아질 것이다. 설사 부부 사이에 해결 안 되는 문제가 있다 해도 하나님께 나아가 기도하면, 하나님의 음성을 듣고 하나님의 위로를 받으면서 문제를 해결하는 힘이 생길 것이다.

결혼은 인간이 맺은 것이 아닌 하나님께서 짝지어 주신 것이다. 하나님께서 허락하지 않으시면 둘은 헤어질 수 없다. 그런데 하나님의 허락을 받는 것이 그렇게 쉬운 일인가? 하나님과의 관계를 맺고 있으면 설사 둘의 관계가 깨어진다 해도 바로 갈라서는 일은 없다. 둘의 의견만 맞으면 바로 이혼하고 헤어지는 세상의 인간관계는 그래서 늘 불안하다. 하나님 없이 남녀 둘만으로 결혼하는 가정은 당연히 불안할 수밖에 없다. 이렇게 보면 하나님을 우리의 관계 속에 중보자로 모시고 사는 것이 얼마나 행복한 일인지 모른다.

"하나님이 짝지어 주신 것을 사람이 나누지 못할지니라"(막 10:9)

# 경쟁이 아닌 상생을 추구하라

인간은 본래 경쟁의 존재가 아니다. 그런데 죄가 들어오면서 인간은 경쟁 상대가 되었다. 경쟁이 되는 순간 인간관계는 멀어지고 미움과 탓, 시기와 질투, 살인이 생겼다. 아담과 하와, 가인과 아벨의 사건은 이것을 그대로 보여주고 있다.

부부와 형제는 상생의 관계다. 그러나 죄가 들어가면서 이것조차 경쟁 상대가 되고 말았다. 여기에서 인간의 불행이 시작되었다. 지금 경쟁은 주인처럼 우리 안에 자리하고 있다. 모든 인간관계를 경쟁으로 몰아가는 것은 물질주의 산물이다. 더 많은 물질을 얻기 위해서는 경쟁이 필수가 되었다. 교육도 경쟁이 되고 말았다. 인간을 만드는 교육이 경쟁이 된 순간 교육은 제자리를 잃어버렸다.

우리 사회는 어디를 가나 경쟁이 가득하다. 특히 한국사회는 경쟁이 심하다. 경제적으로 세계 15위 대국을 이룬 것은 어찌 보면 경쟁의 산물이다. 15위의 경제대국에 맞추어 행복지수도 함께 높아야 하는데 실제는 그렇지 못하다. 이런 경쟁구도는 많은 것을 얻지만 인간관계를 피폐하게 만든다. 모든 것을 얻어도 사람을 잃으면 실패한 것이다.

경쟁은 인간을 인격으로 보기보다는 기계로 보는 구조다. 스포츠는 주로 경쟁을 한다. 경쟁을 통해서 즐거움을 사람들에게 준다. 이런 인간을 경기 기술자로 생각하는 경기방식은 우리를 불편하게 한다. 늘 긴장감을 갖게 하고 거기서 알지 못하는 쾌감을 느끼게 한다.

인간은 기술 이상의 가치가 있다. 올림픽에서 금메달을 따면 그 분야에서는 세계 1위가 된다. 대단한 결과다. 그러나 국가대표가 되고서도 행복하지 못한 선수들이 많다. 인간관계가 좋지 못하면 금메달의 즐거움은 오래가지 못한다. 성공한 국가대표급 선수들이 시간이 지나면서 살기가 힘들어지자 절도로 쇠고랑을 차거나, 한참 인기를 누리던 연예인이 방송 출연이 뜸해지면서 절도를 저지르는 사건이 가끔 소개되고 있다. 또 로또복권을 사려고 복권 가게에 장사진을 치는 것을 볼 때가 있다. 복권은 경쟁을 통해서 번호가 당첨된다. 복권은 크게 노력하지 않고 쉽게 당첨되기에 땀 흘리고 노력한 스포츠와는 차원이 다르지만 모두가 경쟁을 통해서 이루어진다는 점에서는 같다.


경쟁은 상대방을 힘들게 한다. 그리고 비참하게 만든다. 위로를 하지만 그것으로 상처가 치유되지 않는다. 인간관계를 좋게 하려면 경쟁보다는 상생하는 방향으로 나가야 한다. 서로 윈윈하는 블루오션은 인간관계를 좋게 만든다. 경쟁은 죄가 만들어 낸 산물이다. 하나님께서는 인간을 경쟁시키지 않으신다. 경쟁은 동일할 때 가능하다. 각자 다른 상황에서는 경쟁이 무의미하다. 세상에 있는 인간은 모두 다르다. 어느 한 사람도 같은 사람이 없다. 각자 자기 삶을 살면 된다. 그런데 왜 경쟁을 할까? 경쟁할 수 없는 상대임에도 우리는 경쟁을 한다. 인간이 만든 룰 속에서 인간의 가치를 매기는 것이다. 경쟁에서 밀려 상처를 입어 자살하는 사람들이 우리 주위에는 수없이 많다.

수능시험 점수가 안 나오자 자포자기 하고 '미안하다'는 유서 한 장을 쓰고 목숨을 끊는 사람이 매년 생긴다. 수능시험이 사람을 자살하게 할 만한 가치가 있는 것은 아니다. 그럼에도 그 사람은 자기가 경쟁에서 진 것이라고 생각한다. 사회가 임의적으로 만들어 놓은 경쟁의 룰이 그 사람을 죽인 것이다. 그 사람은 결코 경쟁에서 진 것이 아니다. 그 사람은 세상에서 유일한 존재다. 그럼에도 자기 가치를 잃어버리고 경쟁에서 진 것으로 생각하고 죽음을 택한 것이다.

경쟁은 다른 사람과의 관계뿐만 아니라 자신과의 관계에서도 패배감을 가져다준다. 올림픽 경기는 룰에 의하여 메달이 좌우된다. 심판과 경기규칙 등이 있다. 그러나 경기에 이기고도 심판의 오심으로 메달이 박탈된 경우가 있다. 룰에 의해서 이루어지는 실패다. 그것은 진정한 실패가 아니다. 너무 슬퍼할 필요가 없다. 그것으로 인간을 실패자처럼 생각하며 의기소침하거나 자포자기하면 어리석은 일이다.

　인간을 경쟁으로 생각하면 인간관계는 깨질 수밖에 없다. 누구와도 경쟁할 수 없는 나만의 가치를 발견하고 그것으로 인생을 살면 된다. 그것을 인정하면 인간관계는 누구와도 상생할 수 있다. 인간은 서로 비교할 수 있는 존재가 아니다. 나는 나다. 자부심을 갖고 자신을 대하고 다른 사람을 대하라. 그것이 하나님께서 만드신 위대한 인간의 모습이다. 인간관계가 힘든 것은 너무 주변 사람들에 의해 움직이기 때문이다. 나는 나로서 당당함을 갖고 살아가야 한다. 그래야 덜 피곤하고 적절하게 사람 관계에서 자유를 누리면서 나만의 삶을 살 수 있다.

"큰 집에는 금 그릇과 은 그릇뿐 아니라 나무 그릇과 질그릇도 있어 귀하게 쓰는 것도 있고 천하게 쓰는 것도 있나니 그러므로 누구든지 이런 것에서 자기를 깨끗하게 하면 귀히 쓰는 그릇이 되어 거룩하고 주인의 쓰심에 합당하며 모든 선한 일에 준비함이 되리라"(딤후 2:20-21)

# 인간관계는 영적사건이다

인간관계를 힘들게 하는 오해가 하나 있다. 그것은 인간관계를 인간의 차원에서만 보는 것이다. 인간관계를 눈에 보이는 인간 사이의 문제 정도로 치부하면 안 된다. 인간관계는 그 이상의 의미가 있다. 인간관계는 언뜻 보면 육적사건으로 생각할 수 있다. 인간들 사이에 일어나는 문제로 볼 수 있다.

교육자와 심리학자들이 쓴 세상의 인간관계에 대한 책을 보면 인간적인 관점에서만 접근한다. 다양한 학문 접근으로 설득을 하지만 인간의 실상은 보지 못한다. 인간의 문제가 힘든 것은 단순히 육적 문제가 아닌 영적인 문제가 들어 있기 때문이다. 이것을 이해하지 못하면 인간관계를 풀 수 없다.

인간과 인간 사이를 이렇게 힘들게 만든 장본인은 사단이다. 하나님께서 만드신 인간은 본래 이런 모습이 아니다. 함께 더불어 사랑하면서 영원히 살도록 창조되었다. 그러나 인간이 사단의 유혹을 받아 죄를 지음으로써 지금처럼 피곤한 인간 사이가 되었다. 지금도 사단은 죄를 가지고 인간을 힘들게 하고 있다. 상대방을 질투하고 시기하며 서로 비난하고 죽이는 것을 반복하는 것은 인간이 하는 것이 아닌 사단이 조종하고 있는 것이다. 이것은 우리 눈에 보이지 않기에 영이 죽은 세상 사람의 눈에는 사단의 정체가 보이지 않는다. 인간과 인간 사이를 이간질하는 영적 존재인 사단을 보지 못하면 인간관계 문제는 해결할 수 없다.

> "우리의 씨름은 혈과 육을 상대하는 것이 아니요 통치자들과 권세들과 이 어둠의 세상 주관자들과 하늘에 있는 악의 영들을 상대함이라"(엡 6:12)

우리는 악한 영인 사단과 상대하는 것이지 인간과 상대하는 것이 아니다. 서로 물고 뜯고 싸우면 피차 망하게 된다. 인간관계는 누구의 잘못을 탓하기 시작하면 끝이 없다. 결국은 파국에 이르게 된다. 아무도 승리할 수 없는 모두가 패배자가 된다. 이것이 사단이 노리는 속임수이다.

영적인 존재인 사단을 보지 못하고 인간만 바라보면 인간관계는 더 힘들어진다. 인간을 미워하게 되고 결국은 죄의 올무에 함께 빠져 든다. 악을 악으로 대하지 말고 선으로 악을 이겨야 하는 이유가 여기에 있다. 그것은 사람과의 싸움이 아닌 사단과의 싸움이기 때문이다.

122

상대방의 잘못을 지적하면 서로가 감정이 상한다. 사실 잘못도 순전히 한 사람의 시각에 본 것이기에 그 본질은 알 수 없다. 내가 보았다고 꼭 진실은 아니다. 우리가 보는 것은 일부분이고 외적인 것이기에 그것이 사실이라고 말할 수 없다. 특히 보지 않은 사실을 소문으로 판단하는 것은 매우 위험하다. 잘못하면 지적하고 판단하는 사람이 더 큰 죄를 지을 수 있다.

이쯤 되면 인간은 누가 옳고 그른지 아무도 알 수 없다. 진실은 오직 하나님만이 아신다. 그렇다면 답은 간단하다. 어떤 경우에도 악을 행하지 말고 선을 행하는 것이 지혜로운 행동이다. 인간적인 측면에서만 보면 인간을 미워하게 된다. 그렇지만 그 사람의 마음과 생각을 잡고 있는 영적인 사단을 같이 본다면 그 사람을 미워하기보다는 사단을 미워하게 된다. 이것이 우리가 공멸을 면하는 방법이다.

베드로는 예수님께서 십자가 죽음을 말씀하시자 예수님께서는 십자가에 죽으시면 안 된다고 말한다. 그런 일이 일어나지 않도록 자기가 앞장서서 막겠다고 주장한다. 그러자 주님은 베드로를 보면서 이렇게 말씀하신다.

"예수께서 돌이키시며 베드로에게 이르시되 사탄아 내 뒤로 물러가라 너는 나를 넘어지게 하는 자로다 네가 하나님의 일을 생각하지 아니하고 도리어 사람의 일을 생각하는도다"(마 16:23)

예수님께서는 베드로의 생각을 잡고 있는 보이지 않는 사단을 보신 것이다. 그리고 사단을 향해 꾸짖으신 것을 본다. "사단에 내 뒤로 물러가라 너는 나를 넘어지게 하는 자로다." 베드로가 사단은 아닐 것이다. 사단이라고 말한 것은 베드로의 생각을 잡고 있는 사단을 의미한다. 베드로는 자기가 한 말의 의미를 몰랐다. 단순히 인간적인 생각으로 스승을 보호하겠다는 순수한 의도였다.

우리들도 이런 일을 흔히 행한다. 베드로의 행동은 인간적으로 보면 오히려 충성스러운 모습이다. 그러나 영적으로 보면 아주 악한 일이다. 예수님의 십자가 죽음을 방해하는 것은, 곧 구원 사역을 방해하는 무서운 일이다. 하나님의 관점을 갖지 못하면 이것을 구별하기는 어렵다. 우리들의 인간관계에서도 늘 발생할 수 있는 부분이다.

예를 들면, 상대방의 허물에 대해서는 같이 합세하기 쉽다. 다른 사람의 사생활과 잘못을 훔쳐 본다는 것은 은근한 즐거움이 있다. 사람들은 그것을 즐기고 아무 생각 없이 같이 험담을 한다. 그런데 그것이 사실이 아닌 왜곡된 것이라면 문제는 복잡해진다. 같이 험담에 참여한 사람이 한순간에 죄를 짓게 된다. 그것을 알게 된 상대방은 분함을 참지 못해 자기를 비난한 사람을 또 비난한다.

이렇게 되면 죄의 도미노 현상에 사로잡혀 모두가 죄인이 된다. 아무도 승자가 없다. 오직 사단만이 승자로 남는다. 얼마나 무서운가? 험담이 서로 오갈 때 영적인 사단을 보지 못하면 모두가 미혹된다. 자기 눈으로 직접 보지 않은 상황에서는 판단을 유보해야 함에도 다른 사람의 말만 듣고 쉽게 판단한다. 이것은 인간관계의 기본 원칙인데 우리는 뜬소문을 쉽게 믿는 경향이 많다. 지금부터라도 내가 직접 보지 않은 것은 다른 사람에게 말하지 않기로 생각을 정리하면 어떨까?

# 인간관계는 사랑이 목표다

인간관계의 궁극적인 목표는 무엇인가? 그것은 사랑이다. 모든 것은 사랑 때문에 존재한다. 이 세상이 창조된 것도 하나님의 사랑에 의해서 이루어졌다. 세상은 사랑의 작품이다. 하나님을 사랑하고 이웃을 사랑하는 것이 성경의 중심이다. 성경의 66권의 기록은 인간에게 사랑을 가르쳐 주고 있다. 성경은 어떻게 하나님을 사랑하고 이웃을 사랑할 수 있는지를 세부적으로 알려준다.

"예수께서 이르시되 네 마음을 다하고 목숨을 다하고 뜻을 다하여 주너의 하나님을 사랑하라 하셨으니 이것이 크고 첫째 되는 계명이요 둘째도 그와 같으니 네 이웃을 네 자신 같이 사랑하라 하셨으니 이 두 계명이 온 율법과 선지자의 강령이니라"(마 22:37-40)

왜 우리가 인간관계에 집중하고 그것을 잘 이루어야 하는가? 좋은 인간관계를 이루기 위해 기술을 터득하고 노력해야 하는 이유

126

는 무엇인가? 그것은 사랑 때문이다. 더욱더 사랑하기 위해서이다. 자칫 인간관계 기술을 배우는 것이 내가 성공하고 내가 행복하기 위한 것이라고 생각을 하기 쉽다. 내가 편하기 위해서는 필요한 내용이라 생각할 수 있지만 그것은 이기적이다. 내가 성공하고 편하기 위해서 인간관계를 잘 해야 한다면 그것 역시 내 욕심이 될 수 있다. 그것보다 더 높은 가치가 있는데 그게 바로 사랑이다.

인간관계의 핵심 가치는 사랑이다. 하나님과 인간을 더욱더 사랑하기 위해서 인간관계를 우리는 배워야 한다. 인간관계는 사랑을 위한 구체적인 실천 방법이다. 사랑이 없으면 아무것도 아니다. 인간관계가 더욱더 사랑하는 것을 목표로 해결점을 찾으면 생각보다 쉽다. 사랑의 마음을 가지고 그것을 이루기 위해 먼저 포기하고 양보하고 섬기면 된다. 그것 때문에 불편할 필요가 없다. 설사 내가 손해 보고 자존심이 상한다 해도 사랑을 이룰 수 있다면 의미가 있다. 이 사랑은 인간적인 에로스 사랑이 아닌 신적인 아가페 사랑을 이루는 것이다. 인간관계가 잘 이루어지기 위해서는 사랑이라는 윤활유를 끊임없이 위로부터 공급받아야 한다. 하나님의 사랑을 받으면 인간관계는 더 이상 어려운 문제가 아니다.

여기서 우리가 이루고자 하는 사랑은 '서로 사랑'이다. 어느 한쪽만 사랑하는 것이 아닌 서로가 사랑하는 단계까지 나가야 한다. 그렇게 되면 그 안에 하나님께서 거하시게 된다. 두세 사람이 모인 그곳에 주님께서 계신다. 두세 사람이 모인 그곳은 서로 사랑하는 모임이다. 그것이 쉽지 않다. 두세 사람이 서로 사랑하는 관계를 유지하는 것은 인간의 힘으로 어렵다. 하나님의 도우심이 필요하다. 주님은 사랑이기에 서로 사랑할 때 그 가운데 거하신다.

인간관계를 잘 이루려고 하는 목적은 온전한 사랑 때문이다. 인간관계를 통해서 우리 안에 그리스도의 사랑이 넘치게 하는 것이다. 하나님의 사랑은 그냥 임하지 않는다. 언제나 관계를 통해서 임한다. 좋은 인간관계를 이루는 그 자리에 하나님께서는 사랑으로 임하신다.

"어느 때나 하나님을 본 사람이 없으되 만일 우리가 서로 사랑하면 하나님이 우리 안에 거하시고 그의 사랑이 우리 안에 온전히 이루어지느니라"(요일 4:12)

인간관계를 이루는 방법은 여러 가지가 있지만 아주 간단한 원리는 사랑이다. 어떤 것이라도 사랑의 마음을 가지고 하면 문제 될 것 없다. 그러나 대단한 일을 하고 그것이 사람들에게 선하게 보인다 해도 그 안에 사랑이 없으면 아무 것도 아니다. 사랑을 목표로 하면 인간관계는 쉽다. 그렇지만 사랑의 마음이 사라지면 인간관계는 그 순간 복잡하게 얽히게 된다. 이 세상에서 가장 중요한 것은 사랑이다. 하나님을 사랑한다고 하면서 다른 사람을 사랑하지 않는 것은 그 자체가 모순이다.

"피차 사랑의 빚 외에는 아무에게든지 아무 빚도 지지 말라 남을 사랑하는 자는 율법을 다 이루었느니라 간음하지 말라, 살인하지 말라, 도둑질하지 말라, 탐내지 말라 한 것과 그 외에 다른 계명이 있을지라도 네 이웃을 네 자신과 같이 사랑하라 하신 그 말씀 가운데 다 들었느니라 사랑은 이웃에게 악을 행하지 아니하나니 그러므로 사랑은 율법의 완성이니라 "(롬 13:8-10)

성 어거스틴이 한 말 중에 아주 멋진 말이 있다. "하나님을 사랑하라! 그리고 그 다음은 마음대로 하라!" 하나님을 사랑하는 마음으로 하면 어떤 것을 해도 문제가 될 것이 없다. 왜냐하면 그것은 내게서 온 것이 아닌 하나님에게서 온 것이기 때문이다. 누구든지 하나님을 사랑하면 우리는 하나님의 마음을 보게 된다. 하나님의 마음을 보면 사람을 사랑하지 않을 수 없다. 인간관계가 힘든 것은 사랑이 부족해서이다. 누구든지 하나님의 사랑이 충만하면 나를 미워하는 원수까지도 사랑할 수 있다. 사랑이야말로 인간관계의 기적을 이루는 최고의 방법이다.

"내가 사람의 방언과 천사의 말을 할지라도 사랑이 없으면 소리 나는 구리와 울리는 꽹과리가 되고 내가 예언하는 능력이 있어 모든 비밀과 모든 지식을 알고 또 산을 옮길 만한 모든 믿음이 있을지라도 사랑이 없으면 내가 아무 것도 아니요 내가 내게 있는 모든 것으로 구제하고 또 내 몸을 불사르게 내줄지라도 사랑이 없으면 내게 아무 유익이 없느니라 "(고전 13:1-3)

5
인간을 알면
인간관계가
보인다

# 너희가 인간을 아느냐?

인간관계가 잘 이루어지기 위해서는 먼저 인간에 대해서 잘 알아야 한다. 인간에 대한 성찰이 부족하면 인간관계는 문제가 생긴다. 사람보다 더 소중한 것은 없다. 그런데 우리는 사람에 대해서 잘 알지 못하는 경우가 많다. 개인적으로 물질에 대한 연구는 많이 한다. 어떻게 하면 돈을 많이 벌 수 있는지 수많은 연구를 한다. 하지만 인간에 대한 연구는 아주 부족하다. '인간이란 누구인가?'의 질문은 누구나 던져야 할 내용이다. 그리고 모두가 답해야 한다. 그렇지 않고 인생을 살아가면 허망하게 살 수밖에 없다.

물론 각자 자신이 누구인지 안다고 생각할 수 있다. 나만큼 나 자신에 대해서, 다른 사람에 대해서 아는 사람은 없다고 생각할 수 있다. 그러나 그것은 주관적인 경우가 많다. 객관적으로 검증이 안 된 인간관을 가지고 있으면 그것이 모든 문제의 원인이 된다.

인간관계를 잘하기 위해서는 인간에 대해서 얼마나 알고 있는가를 곰곰이 생각해 보아야 한다. 그렇지 못하면 물질로 모든 삶을 규정하고 그것을 위해 평생 살아갈 가능성이 크다. 그런 삶은 허무한 인생이다. 가끔 열심히 한평생을 살다가 어느 날 자신을 돌아보면서 우울증에 빠진 사람들이 있다. 오직 자식 잘 키우기 위해 자기를 희생하며 온힘을 쏟은 부모들이 느끼는 비애감이 이런 것들이다. 자녀들이 다 커서 이제 제 갈 길을 갈 때가 되면 그 다음부터는 할 일이 없다. '나는 무엇을 위해서 살았지?' 하는 생각으로 갑자기 인생의 허무감을 느낀다. 또 '자식이 인생의 전부가 아닌데…' 하는 생각으로 자신을 그때서야 돌아보게 된다.

인간관계가 힘든 사람에게 나타나는 현상은 인간에 대한 이해 부족이다. 상대방에 대한 공부 없이 그냥 자기 방식대로 고집하면서 살아가는 사람은 늘 인간관계에 문제가 생길 수밖에 없다. 이런 사람은 누구와 만나도 인간관계가 힘들다. 다른 사람이 아닌 자신이 문제가 된다. 그것은 인간을 이해하지 못한데서 오는 실수이기에 남이 아닌 자신에 문제가 있다고 보는 것이 옳다.

실제 인간을 잘 알지도 모르면서 아는 체 하는 인간들이 많다. 그러나 이것을 고치는 것은 더 어렵다. 우리는 한 번쯤 상대방의 잘못을 고치기 위해서 노력을 해보았을 것이다. 그러나 그것이 쉽지 않다. 그럼에도 어떤 사람은 자신보다 다른 사람을 고치는데 평생 시간을 보낸다. 그런 사람은 당연히 인간관계가 좋을 리 없다.
왜 이렇게 고집스러울까? 그것은 인간을 아직 모르기 때문이다.

인간에 대한 무지가 그를 그렇게 만든 것이다. 자기가 누구인지 스스로 깨달아야 하는데 그때까지 기다리기에는 인생이 너무 짧다. 인생을 살면서 경험으로 지혜를 터득하다 보면 인생을 다 산 노년에야 인간에 대해서 깨닫게 되는 경우가 많다. 그때는 후회만 남고 새로운 시도를 하기 어렵다.

'왜 나는 그렇게 살았는가?' '상대방에 대해서 그렇게 대했는가?' 하는 후회와 미안함만 남는다. 인간이 죽을 때쯤 되서야 인간에 대해서 안다고 하면 얼마나 안타까운가? 그렇다고 잘못 살아온 인생을 다시 되돌릴 수도 없다. 이렇게 보면 인생을 살기 전에 인간을 아는 것이 현명하다. 그래야 가치 있는 인생을 보낼 수 있다. 이것이 우리가 인간에 대해서 빨리 알아야 하는 이유이다.

# 인간을 공부하라

인간에 대한 공부를 우리는 철학이라고 말한다. 철학은 '인간이 누구인가?'라는 질문을 계속 던지는 학문이다. 즉, 인간의 본질에 대한 질문을 한다. 이런 질문은 우리의 사고를 깊게 하는 데 도움을 준다. 이런 점에서 철학의 학문적 가치는 충분하다. 그러나 문제는 그것이 늘 질문으로 끝난다는 데 있다. 철학은 인간에 대한 질문만 있고 해답이 없다.

"너 자신을 알라."고 말했던 소크라테스조차도 "나는 내 자신을 알지 못한다."고 했다. 학교에서 인간 공부가 힘든 이유는 정답이 없기 때문이다. 이것은 학교에서 철학과목을 보편적으로 공부할 수 없는 이유이기도 하다. 정답이 없는 질문만 계속 되기에 설사 공부를 한다 해도 지식공부에 머물 수밖에 없다. 모든 이론과 지식은 가설로서만 존재한다. 또 시간이 가면서 새로운 내용이 첨가되고 달라진다. 초등학문(철학)의 특징은 변화하고 새로운 것에 관심을 둔다. 성경은 바울이 아덴에서 만난 철학하는 사람들의 모습을

135

이렇게 정리 하고 있다.

> "모든 아덴 사람과 거기서 나그네 된 외국인들이 가장 새로운 것을 말하고 듣는 것 이외에는 달리 시간을 쓰지 않음이더라"(행 17:21)

그러나 철학과 달리 성경은 인간에 대한 질문과 답을 동시에 해결한다. 성경처럼 인간의 문제와 답을 정확하게 이야기한 곳은 없다. 성경은 인간관계 교과서로 최고다. 성경을 읽으면 우리는 인간에 대한 해답을 얻을 수 있다. 그것은 결과적으로 인간관계를 좋게 한다. 그렇다면 성경이 말하는 인간관은 무엇일까? 몇 가지 정리하면 다음과 같다.

첫째, 하나님의 형상을 닮은 인간이다

인간은 누구를 닮았는가? 진화론자들은 인간은 짐승을 닮았다고 말한다. 그중에 원숭이가 인류의 조상일 것이라고 주장한다. 그들은 짐승에서 인간의 시작을 찾는다. 그런 인간의 출발은 결과적으로 인간관계를 더 힘들게 한다. 인간은 하나님을 닮은 존재다. 동물과는 근본적으로 차이가 있다. 비슷하게 보일지라도 인간과 동물은 본질적으로 다르다. 성경에서 동물은 인간이 지배와 다스림을 받는 존재로 그리고 있다. 아울러 동물은 인간을 위해서 창조된 생명을 가진 물질적 존재다. 인간은 동물과 교제하는 것이 아닌 하나님과 교제하도록 창조되었다.

하나님께서 인간을 만드실 때 당신의 형상대로 창조하셨다. 인간은 모두가 하나님의 형상을 닮은 존재다. 단순한 생명 이상의 의미가 있다. 이것을 잘 이해하지 못하면 잘못된 생명사상에 빠질 수 있다. 불교에서는 생명을 가진 것은 모두 소중하다고 여기면서 인간의 생명과 짐승의 생명을 같이 본다. 살생을 금지하는 것은 이런 철학에서 비롯된 것이다. 그것은 자연스럽게 윤회설로 이어진다. 그러나 그것은 생명의 차원을 곡해 한데서 나온 것이다.

인간의 생명과 동물의 생명은 근본적으로 차이가 있다. 같은 것이 아니다. 동물의 생명은 영혼이 없는 생명이다. 이 세상에 일시적으로 존재하고 사라지는 생명이다. 그러나 인간의 생명은 영원히 하나님과 함께 존재하는 생명이다. 인간의 생명은 단순히 동물의 생명과 달리 생명을 가졌기에 소중하다기보다는 하나님의 형상을 가졌기에 소중하다고 보는 것이 더 옳다. 이런 시각으로 인간을 보면 모두가 하나님의 자녀요, 하나님의 가치를 지닌 위대한 존재다. 우리가 넘볼 수 없는 인간의 고유한 가치와 위대함과 영생을 모든 인간은 가지고 있다.

## 둘째, 죄를 지은 인간이다

인간이 왜 이렇게 비참하게 살고 있는가? 그것은 하나님의 형상이 파괴되었기 때문이다. 물론 인간이 스스로 범한 죄로 인해서 인간이 자처한 결과다. 하나님 없이도 살 수 있다고 생각하는 교만이 하나님을 넘보는 지금의 불행한 인간으로 만들었다. 그 죄로 인한 결과는 지금 우리가 혹독하게 치루고 있다. 인간의 삶은 아무리 잘 살아도 수고와 슬픔뿐이다. 계속되는 고난을 피할 수 없다. 이것을 해결하기 위해 다양한 방법을 시도하지만 불가능하다. 겉보기에는 인간의 삶이 좋아 보여도 내면으로 들어가 보면 모두가 고난과 슬픔 속에 살고 있다. 이것이 인간의 삶이다.

그리고 인간은 죽는다. 아무리 잘 살아도 100년 정도 밖에 살지 못하는 짧은 생애다. 죽을 때는 세상에 올 때처럼 빈손으로 간다. 건강에 관심을 가지면서 오래 살려고 그렇게 노력하지만 10년−20년 차이에서 결정난다. 이런 인생을 보면 인간의 삶은 허무하다는 생각에 이르게 된다. 갑자기 우울해지고 지금 하는 모든 일이 의미가 없어진다. 인생 여정 속에서 잘 살고 못 살고, 성공하고 실패하고, 오래 살고 짧게 살고 하는 것은 그리 중요한 것이 아니다. 결국은 모두가 일반으로 돌아가기 때문이다. 그렇게 해서 인간의 삶이 모두 끝이 난다고 생각하면 지금 살아가는 것이 의미가 없다.

반면에 그리스도인은 영원한 삶의 존재를 믿기에 세상 사람과는 다르게 살아간다. 지금 하는 일이 진정으로 가치 있는 삶이 무엇인지를 고민하면서 인생을 살려고 노력한다. 지금 인간의 문제가 어디서 온 것인지 잘 안다. 또한 그 어려움을 해결하는 방법도 갖고 살아간다.

셋째, 부족한 인간이다

하나님을 믿는 사람은 늘 자신의 부족한 존재임을 잘 안다. 그러나 하나님을 믿지 않으면 자신이 부족한지를 알 수 없다. 어쩌다 힘이 있으면 대단한 것처럼 생각을 하고 자기가 신(神)인 양 신의 행세를 한다. 역사적으로 봐도 이렇게 행했던 사람들이 많이 있었다. 애굽의 파라오는 자기가 신처럼 행세를 했다. 바벨론의 느브갓네살 왕과 헬라의 알렉산더 대왕 역시 자기가 신인 것처럼 착각을 했다. 로마의 시이저도 황제 숭배를 강요하면서 신처럼 살았다. 그러나 그들의 삶은 모두 비참하게 마무리 되었다. 그들은 실패하거나 힘이 사라지면 자신을 비참하게 여기며 자살로 인생을 끝내기도 한다. 그것은 인간이 늘 부족한 존재라는 것을 제대로 인식하지 못해서 나타난 현상이다. 내가 누구인지를 잘 모를 때 이런 상황에 이르게 된다.

인간은 자기가 경험한 것만 안다. 자기가 경험하지 못한 것은 알 수 없다. 늘 자기가 경험한 선에서 상대방을 이해하고 판단하게 된다. 또 인간은 당장 닥친 앞의 일만 본다. 그 외에는 잘 생각하지 못한다. 또 자기가 보고 싶은 것만 본다. 자기가 좋아하는 것만 보이게 되어 있다. 그렇지 않은 것은 아무리 보려고 해도 보이지 않고 소리조차 들리지 않는다. 사람은 누구나 모든 현실을 볼 수 있는 게 아니다. 대부분은 자기가 보고 싶은 현실밖에 보지 못한다.

인간은 모두가 자기가 옳다고 큰 소리를 치며 자기 주장을 하지만 인간의 한계를 생각하면 늘 부족함을 느낄 수밖에 없다. 인간관계가 힘든 것은 자기 부족함을 알지 못하는데서 온다. 이렇게 보면 인간은 겸손해야 한다. 특히 하나님께서 하시는 일은 더욱더 알 수 없다. 감히 짧은 인간의 소견으로 함부로 말할 수 없다.

욥기 38-39장에 보면 하나님은 욥에게 이 세상의 모습에 대해서 답해 보라는 내용이 나온다. "내가 땅의 기초를 놓을 때에 네가 어디 있었느냐 네가 깨달아 알았거든 말할지니라."(욥 38:4) 하나님은 욥에게 수많은 질문을 계속하자 욥은 아무런 대답을 하지 못한다. 그리고 이렇게 대답한다. "보소서 나는 비천하오니 무엇이라 주께 대답하리이까 손으로 내 입을 가릴 뿐이로소이다 내가 한 번 말하였사온즉 다시는 더 대답하지 아니하겠나이다."(욥 40:4-5) 위대한 사람일수록, 인생을 제대로 아는 사람일수록 자기가 부족함을 인정하게 된다.

넷째, 혼자서 살 수 없는 인간이다

인간은 혼자서 살도록 창조되지 않았다. 하나님께서는 인간이 독처하는 것이 좋지 않아 배필을 주셨다. 인간은 하나님과 함께 살도록 창조되었다. 죄는 혼자 있을 때 생긴다. 실제로 죄를 짓는 경우를 보면 은밀하게 혼자 짓는다. 다른 사람이 모두 보는 곳에서는 죄를 짓기 어렵다.

인간은 사회적·관계적 동물이다. 그런데 인간은 점차 자기 혼자서 사는 것을 즐기려고 한다. 모든 것을 자기 욕심을 추구하는데 사용하고 나중에는 이웃까지도 자기 욕망을 위한 도구로 사용한다. 그러나 인간은 자기 욕심을 채우는 것으로 행복해지지 않는다. 행복은 함께 나누는 데 있다. 인간의 삶은 서로 돕고 나누고 함께 하는 데서 의미가 있다.

사실 혼자 할 수 있는 것은 아무것도 없다. 지금 우리가 혼자 만족을 누린다고 해도 그것은 누군가의 도움이 있었기에 가능하다. 혼자 차를 만들어 타고 어디를 간다고 해보라. 불가능할 것이다.

수돗물을 먹고 전기를 켜고 편리한 생활을 한다. 그런데 그것 역시 누군가 도움이 있고 배려가 들어 있기에 가능한 것이다. 내 돈을 주고 사용하는데 무슨 문제냐고 말할 수 있지만 그렇지 않다. 그 가격으로 전기와 수돗물을 그렇게 사용할 수 없다. 국민의 세금으로 그렇게 싼 가격의 혜택을 누리는 것이다. 누군가의 도움이 들어 있다는 말이다.

우리가 살아가는 모든 생활은 혼자가 아닌 모든 사람의 수고와 노력과 감사가 들어 있다. 이것을 안다면 혼자 살 수 있다고 생각하는 것은 교만이다. 많은 돈을 벌고 성공하여 다시 이웃에게 돌려주어야 하는 것도 이런 이유 때문이다. 내가 빚을 졌기에 그들에게 다시 되돌려주는 것이다. 우리 사회는 이렇게 주고받으면서 지금까지 역사가 이어져 왔다.

이런 사실을 안다면 이웃과 함께하는 것만으로도 감사하다. 그리고 이런 사람은 인간관계가 좋을 수밖에 없다. 부족해도 이해하고, 쉽게 화를 내며 남에게 피해를 주는 일은 하지 않을 것이다. 더불어 사는 일이 자연적으로 이루어질 것이다. 문제는 이런 사실을 얼마나 알고 마음속으로 깨닫는가 하는 것이다.


다섯째, 예수 그리스도가 필요한 인간이다

인간에게 필요한 것은 물질과 사람이다. 그러나 그것만으로는 근원적인 문제를 해결할 수 없다. 인간의 지은 죄를 해결할 수 없다. 그리고 죄의 값으로 맞이하는 죽음을 이길 수 없다. 죄를 해결하지 않으면 모든 인간은 영원히 죽게 된다. 그것이 인간의 가장 큰 문제다. 문제는 그것을 인간이 스스로 해결할 수 없다는 점이 딜레마다. 설사 세상에서 모든 것을 다 가진 행복한 삶을 살아간다 해도 한 가지 해결할 수 없는 것은 자기가 지은 죄다. 이것은 누가 대신해 줄 수도 없다. 인간은 자기가 지은 죄에 대가로 죽음을 맞이한다. 세상의 어느 것으로도 인간의 죽음을 해결할 수 없다. 이것을 해결하지 못하면 세상에서는 성공하고 행복하게 산다고 해도 죽음 앞에서는 불행한 사람이 되고 만다.

이 세상이 인간의 전부는 아니다. 그것은 영원한 하나님의 나라이다. 그것을 얻기 위해서는 예수 그리스도가 필요하다. 예수님께서는 모든 사람이 필요한 복음이다. 인간은 누구나 예수 그리스도를 필요로 한다. 그리고 예수는 누구에게나 열려 있다. 마음을 열고 믿기만 하면 누구든지 예수님을 영접할 수 있다. 문제는 인간이 아직 예수 그리스도가 필요한지를 모르는데 있다. 그런 사람은 죽는 순간까지도 예수를 영접하지 않고 죽는다. 천국에 이를 수 있는 방법이 있음에도 그것을 거부하고 살아가는 불행한 사람이 많다. 죽은 이후에 어디로 가는지도 모른 채 죽는 불쌍한 사람이 너무나 많다.

누구든지 예수를 믿게 되면 그 순간 영생이 주어지기에 인간의 삶은 완전히 달라진다. 풀리지 않는 인간관계의 문제도 한순간에 해결될 수 있다. 인간 사이가 안 좋은 것은 아직 중요한 것을 얻지 못해서이다. 그래서 가진 것을 놓지 못하고 욕심을 부리게 되며, 세상의 문제에 집착하는 것이다.

그러나 예수 그리스도를 마음에 영접하면 그 순간 인생이 달라지면서 내려놓을 것을 기꺼이 내려놓게 된다. 그렇게 되면 막혔던 인간관계가 해결되면서 좋은 관계가 된다. 인간의 문제가 예수를 만나면 모두 해결이 되는 이유가 여기에 있다.

모든 인간관계의 해답은 예수 그리스도이다. 혹시 풀리지 않는 인간관계가 있다면 지금이라도 즉시 예수님을 통해서 해결해 보자. 내가 해결하려고 하지 말고 새롭게 모신 나의 새로운 주인이신 예수님께 맡기면 그분이 나의 문제를 능히 해결해 주실 것이다.

# 지피지기(知彼知己)면 백전백승(百戰百勝)이다

고대 그리스의 철학자인 소크라테스는 "너 자신을 알라."는 말을 했다. 이것은 자신의 존재에 대한 탐구가 우리 삶의 근본이 된다는 말이다. 아울러 인간관계의 출발점이기도 하다. 그런데 자신을 아는 것이 가장 큰 어려운 문제다. 이것만 알면 모든 것이 해결된다. 이런 점에서 '너 자신을 알라.'는 말은 명언이다.

하루는 소크라테스에게 제자가 물었다.

"스승님, 그러면 스승님은 자신이 누구인지 아십니까?"

그러자 소크라테스는 이렇게 말했다.

"알고 있지. 내가 누구인지 모른다는 것을 알지."

이것은 우리 자신을 안다는 것이 얼마나 어려운 문제인가를 보여주는 대목이다. 평생 알아도 모르는 것이 우리 자신이다. 또 이것은 스스로 깨달음으로는 이것을 알 수 없다는 뜻이기도 하다.

인간관계는 나를 아는 데서 출발한다. 자신을 제대로 알지 못하면 다른 것을 안다고 해도 의미가 없다. 어떻게 자신을 알 수 있는가? 자신을 알려면 혼자서는 한계가 있다. 누군가의 도움이 필요하다. 우리는 다른 사람을 통해서 자신을 알 수 있다. 이것은 서로 긴밀하게 연관이 되어 있다. 그래서 역사를 통해 교훈을 얻는다. 그것은 다른 사람의 잘못을 보면서 우리 안에 있는 욕심과 교만을 읽을 수 있기 때문이다. 이것이 역사를 공부하는 이유이다.

동양 고전에 "지피지기 백전불태(知彼知己 百戰不殆)"라는 말이 있다. 이 구절은 손자병법 모공(謀功)편에 나오는 말이다. 이것은 '적을 알고 나를 알면 백 번 싸워도 위태롭지 않다.' 라는 뜻으로, 자신의 힘을 잘못 해석하거나 교만하여 상대를 무시하면 모든 일을 그르치게 된다는 말이다. 이 말은 병법뿐 아니라 교육, 정치, 무역과 인간관계 등에도 두루 적용된다. '지피지기면 백전불태'는 관계를 잘하는 지침으로 많이 사용되고 있는 구절이다.

부모와 자녀 관계에서 볼 때, 객관적으로 보아도 손색이 없는 관계이지만 때로는 어려움을 겪는 경우가 있다. 상담을 잘하는 전문가임에도 자기 자녀와의 관계에서는 좋지 못하다. 왜 그럴까? 그것은 자녀의 마음을 존중하지 않기 때문이다. 아니면 자식에 대한 지식이 부족했기 때문이다. 자기는 성숙한 어른이고 자녀는 미성숙의 상태라고 보면서 무조건 자기 생각이 옳다고 주장한다면 당연히 관계는 원만할 수 없다.

부모와 자녀는 미숙이나 우월의 문제가 아니다. 서로를 대하는 마음과 자세가 우선이다. 서로 간에 의사소통이 잘 안 되면서 생기는 문제가 대부분이다. 부모가 보내는 메시지를 자녀가 제대로 해석하지 못하면 갈등이 일어난다. 역시 반대로 자녀가 보내는 메시지를 부모가 이해하지 못하면 관계는 악화될 수밖에 없다.

이것은 부모와 자녀관계 뿐만 아니라 부부와 이웃관계에서도 그대로 적용된다. 정말 자기를 알고 상대방을 안다는 것이 무엇인지 생각할 필요가 있다. 그저 돈만 많이 주면 모든 것이 해결되는 것은 아니다. 그 전에 상대방의 자존심을 무시하면 안 된다. 상대방을 존중하거나 이해를 하지 않고 조건만 해결해 주면 모든 것이 해결된다고 하는 것은 잘못된 생각이다. 상대방의 요구를 정확하게 알고 그것을 채워주는 것이 필요하다.

그런데 우리는 대부분 인간관계가 상대방의 필요를 알고 그것을 맞추기보다는 내 방법대로 일을 진행하는 경우가 많다. 그리고 전혀 문제가 없다는 식으로 자기합리화를 한다. 이것은 아직 서로를 제대로 알지 못한 것이다. 이런 상태에서는 계속 평행선을 달려 갈 수밖에 없다. 전혀 대화가 통하지 않고 관계가 악화된 부부들을 보면 상대방의 마음을 읽는 능력이 약하다. 자기 생각만 하고 그대로 고집을 부리면서 살아간다. 그런 관계는 백 번이면 백 번 실패할 수밖에 없다.

'지피지기(知彼知己)'를 성경과 연관하면 '신지피지기(信知彼知己) 백전백승(百戰百勝)'이라 말할 수 있다. 이 말은 하나님을 알고

146

내 자신을 알면 신앙생활에 승리할 수 있다는 뜻이다. 그런데 하나님에 대한 것을 알지 못하고 내 방법대로만 믿음을 찾고 구한다면 계속 문제가 발생할 수밖에 없다. 열심히 신앙생활하고 기도함에도 정작 하나님과의 관계는 좋지 않은 상황이 생기게 된다. 우리가 성경을 많이 읽고 묵상해야 하는 이유가 바로 여기에 있다.

신앙생활은 오직 기도만 하면 되는 것이 아니다. 말씀이 뒷받침되지 않으면 문제가 발생할 수 있다. 신앙은 하나님의 마음을 읽어 그 마음에 나의 마음을 맞추는 것이다. 자기 생각으로 하나님을 믿으면 그것은 미신이 된다. 정말 내가 부족함을 안다면 이런 일은 일어날 수 없다.

특히 온전한 하나님 앞에서 자신을 비추어 보면 흠이 많은 존재임을 느끼게 된다. 부끄러워 얼굴을 들 수 없을 것이다. 이런 상황에서 자기 주장을 고집하는 것은 어리석은 일이다. 이것은 결과적으로 자신을 아직 알지 못한다는 것을 의미한다. 자기가 죄인이라는 생각이 든다면 말씀에 자신을 비추어 보는 일에 더 열심을 내고 말씀을 통해 자신을 수정하는 일에 적극적이 되어야 한다.

그리스도인에게 '지피지기'는 자신과 이웃과 하나님의 세 가지 관계까지 적용될 수 있다. 자신과 상대방만 안다고 모든 것이 해결되지 않는다. 부부가 서로 만나는 것이 쌍방으로만 결정된 것이 아니다. 둘을 만나게 해 주신 하나님의 마음까지 읽어야 제대로 관계를 가질 수 있다. 어쩌면 세상의 인간관계는 꼭 나와 상대방을 몰라서만 문제가 되는 것은 아니다. 충분히 알고 이해한다고 해도 그 속에 담긴 하나님의 섭리를 알지 못하면 여전히 갈등은 존재한다.

우리는 하나님을 알 때 자신의 모습을 진정 알 수 있다. 하나님을 아는 만큼 자신을 안다. 마치 거울을 통해 우리 얼굴을 볼 수 있는 것과 같다.

예수님께서 십자가를 지시기 전 겟세마네 동산에서 기도하시는 모습을 보면 이해가 된다. 예수님께서는 십자가를 지는 일이 용납이 안 되었다. 이것을 위해서 기도하는 시간을 가지셨다. 그리고 제자들에게 자기를 위해 기도해 달라고 부탁을 하셨다. 예수님께서 세 번에 걸쳐서 기도한 내용은 "나의 원대로 마시옵고 아버지의 원대로 하옵소서"이다. 하나님의 생각을 묻는 기도를 하셨다.

결국 하나님의 마음을 알고 난 뒤부터는 그대로 순종하셨다. 하지만 제자들은 예수님께서 잡혀 가시자 모두 도망갔다. 왜 그랬을까? 제자들은 하나님의 생각을 알려고 하기 보다는 자기 생각대로 고집을 부렸다. 오히려 하나님께서 하시는 일이 이해가 안 되었다. 죽은 자를 살리는 능력을 가지신 예수님께서 이렇게 힘없이 잡혀 가는 모습은 제자들에게 충격이었을 것이다. 십자가 싸움에서 예수님께서는 승리하셨지만 제자들은 실패했다. 그 차이는 자신과 하나님을 제대로 알지 못한데서 온 것이다. 인간관계의 비결은 하나님과 자신과 타인을 얼마나 알고 있느냐에 따라 결정된다.

# 상대방을 아는 만큼 인간관계가 열린다

인간은 아주 다양하고 복잡하다. 인간을 한마디로 규정하기는 어렵다. 인간의 성격은 다양하다. 인간만 이해해서는 안 되고 인간관계의 속성을 함께 이해하면 도움이 된다. 인간의 행동의 변화에 영향을 주는 의사소통의 과정을 미리 알면 인간관계가 훨씬 쉽다. 인간관계가 힘든 것은 보통 무지에서 비롯된다. 상대방을 공부하면 아는 만큼 인간관계는 수월하다.

첫째, 인간의 성향을 이해하라

인간관계를 잘하기 위해서는 인간의 다양한 특징과 성격의 성향을 알아야 한다. 어느 것이 정확하다고 볼 수는 없지만 보편적으로 알려진 인간의 성격을 이해하면 인간관계에 도움이 된다. 사람의 성향은 다양하다. 그 성향은 크게 '주도형', '사교형', '신중형', '안정형' 으로 나눌 수 있다. 이것은 직장과 일터의 인간관계 속에서 주로 나타나는 모습이다.

'주도형'은 과정보다는 결과를 중시한다. 상대방의 의견을 쉽게 용납하지 않지만 판단력이 빨라 본인의 잘못으로 판단되면 의견을 바로 수용하는 강점이 있다. 일을 이루기 위해 추진력을 가지고 밀어붙이는 성향이 있다. '사교형'은 즐겁게 일하는 스타일이다. 다양성을 인정하는 것이 특징이다. 누군가가 잘못을 지적했을 때 비

**직장인 DISC 성향별 단점** 한국교육컨설팅연구소(KECI) 제공

**주도형** Dominance

1. 한도를 넘어 특권 행사
2. 침착하지 못한 행동
3. 다른 사람의 불안 조장
4. 사람을 과도하게 지배
5. 무뚝뚝하거나 냉소적으로 대함
6. 주도성을 잃으면 시무룩해짐

**사교형** Influence

1. 성과보다는 인기에 더 관심
2. 지나치게 선전함
3. 충동적으로 행동
4. 일관성 없는 결론
5. 자료, 근거보다 직감으로 결정
6. 타인에 대한 비현실적 평가

**신중형** Conscientiousness

1. 상사의 피드백과 지시를 원함
2. 선례없이 행동하기를 꺼림
3. 핵심 절차와 방법에 매여 있음
4. 절차에 얽매임
5. 융통성이 약함
6. 변화 이전에 충분한 설명 원함

**안정형** Steadiness

1. 현상을 유지하려함
2. 적응하는데 시간이 오래 걸림
3. 마감일을 지키는 데 곤란 있음
4. 새롭거나 구조화되지 않은
   일을 어려워함
5. 변화·혁신하는데 어려움
6. 지금 이대로가 좋다

교적 쉽게 수긍하는 편이다. 가능한 대화로 상대방을 설득하려는 성향이 강하다.

'신중형'은 완벽주의자로 구체적인 근거와 논리를 중시한다. 본인의 실수도 용납하지 못할 만큼 꼼꼼하다. 일의 속도는 느리지만. 업무가 끝난 뒤에 별다른 문제가 발생하지 않는다.

'안정형'은 기존의 방식을 고수하려는 경향이 크다. 도전과 모험을 두려워하고 관계와 양보, 평화를 중시한다. 반면에 결단력이 없고 우유부단해 변화를 이끌어내기가 어렵다.

### 둘째, 인간관계의 속성을 이해하라

인간관계를 잘하기 위해서는 인간관계의 속성을 이해할 필요가 있다. 인간관계가 이루어지는 과정과 특징을 알면 지금 나에게 일어나는 인간관계를 잘 해결할 수 있다. 모든 인간관계가 이런 과정을 통해서 일어나는 것은 아니지만 일반적으로 보면 이와 같은 과정을 따르게 된다.

### 이해의 단계이다

누구나 사람은 이해받고 싶어 한다. 이것은 사람이 가진 기본적인 욕구이다. 상대방을 이해시키지 못하면 좋은 인간관계를 가질 수 없다. 사람은 이해를 할 때 비로소 마음이 움직이는 존재다. 이해가 안 되면 행동에 이르지 못한다. 이해는 인간관계의 시작이자 목적이다.

그런데 상대방을 이해시킨다는 것은 그렇게 쉽지 않다. 사람은 다양하기 때문이다. 모든 사람이 나와 같지 않기에 이해를 시키기 위해서는 먼저 상대방에 대한 배움이 필요하다. 차이점을 이해해야 한다.

사람은 본질적으로 같다. 그러나 그것을 표현하는 양식이 다르다. 이 둘 차이를 잘 이해해야 한다. 상대방을 이해하기 위해서는 만남의 목적을 아는 것이 중요하다. 하나님께서 부부를 왜 만나게 해 주셨는지 생각하면 마음이 움직인다. 하나님께서 왜 같은 직장에서 일하게 하셨는지를 생각하면 상대방을 이해하게 되고 거기서 관계의 힘이 생긴다.

또 상대방이 가진 두려움, 기쁨, 분노, 절망, 슬픔을 이해하는 것도 필요하다. 감정, 분위기, 생각 등은 눈에 보이지 않기에 금방 알 수 없다. 특히 영적인 부분까지 이해를 하려면 하루아침에 안된다. 이해를 위해서는 오랜 만남이 필요하다. 너무 빨리 이해하려고 하면 문제가 생긴다. 인내를 가지고 계속 대화를 나누고 만남을 가지다보면 상대방을 이해하는 힘이 생긴다. 인간관계 중에서 가장 많은 시간을 이 부분에 할애하게 된다.


깨달음의 단계이다

동물은 감각에 따라 움직이지만 인간은 깨달음에 의해 움직인다. 깨달음은 마음에서 일어난다. 물론 깨달음은 처음부터 오지 않는다. 이성적인 이해의 단계를 거쳐야 마음에 깨달음이 온다. 이것이 명확하게 구분되는 것은 아니지만 머리의 이해 단계에서 가슴이 움직이는 깨달음의 단계가 오면 인간관계는 많은 진전이 이루어진 셈이다.

흔히 우리가 가슴이 움직인다고 말하는데 이것이 깨달음의 과정
이다. 인간이 상대방에 대한 깨달음까지 가려면 상대방 속으로 들
어가야 가능하다. 다른 사람의 관점으로 들어가려면 상상력과 많
은 노력이 필요하다. 아울러 나의 마음까지 열어야 가능하다. 깨달
음은 상대방을 이해한다고 되는 것이 아니다. 나의 마음을 얼마나
열고 상대방을 받아들이느냐에 따라 결정되기에 깨달음은 상호적
인 문제다.

내 마음을 닫고 있으면 상대방을 느낄 수 없다. 마음과 영적인
부분은 어느 한 쪽만으로는 안 되고 동시에 움직여야 가능하다. 이
렇게 되면 공감의 과정에 이르게 된다.

사랑의 단계이다

인간관계는 억지로 맺을 수 없다. 강제적으로 관계를 맺는다고
해결되는 것이 아니다. 마음이 움직여야 한다. 이것을 위해 필요한
단계가 사랑이다. 사랑하는 마음이 생겨야 한다. 여기서 사랑은 꼭
자격이 있어야 되는 것은 아니다. 진정한 사랑은 모든 기준을 뛰어
넘는다. 죽음까지도 이기는 것이 사랑이다. 사랑하게 되면 모든 것
이 좋게 보인다. 그래서 사랑의 힘이 위대하다는 것이다.

인간관계가 성공적으로 되려면 사랑의 단계까지 이르러야 한다.
모든 것은 사랑으로 해야 한다. 그래야 관계가 오래 간다. 관계를
오래 지속하게 하는 것은 사랑이다. 사랑은 감정적인 사랑과 의지

적인 사랑이 있다. 이 둘이 같이 움직여야 진정한 사랑이 된다. 여기에 하나님의 사랑이 채워지면 온전한 사랑에 이르게 된다. 하나님의 사랑을 받으면 인간적인 부족함을 넘어서는 사랑의 힘이 생긴다.

사랑 속에는 다양한 내용들이 들어 있다. 사랑하면 구체적으로 이런 행동이 나타나게 된다. 사람을 대할 때 공감, 동정, 부드러움, 배려, 관심, 관대함, 긍휼, 친절 등의 행동으로 표현된다. 이것은 사랑의 또 다른 숨겨진 이름이다.

### 납득의 단계이다

상대방에 대해서 납득이 되면 그 다음부터는 행동하게 된다. 인간관계가 힘든 것은 납득의 단계까지 오기 힘들기 때문이다. 사람을 설득한다는 것은 단번에 이룰 수 없다. 인간은 동물과 다르다. 동물은 감각만 해결하면 그대로 행동한다. 먹을 것만 주면 즉시 움직인다. 그러나 사람은 그렇지 않다. 사람의 구조는 지·정·의의 이성적인 부분과 감정과 마음, 그리고 영적인 부분까지 존재한다. 이것이 모두 움직이는 데는 상당한 노력과 시간이 필요하다. 그래서 인간관계가 어렵다.

부모는 자기가 낳은 자녀조차도 납득시키는 것이 쉽지 않다. 하물며 다른 사람을 납득시키며 행동하게 한다는 것은 결코 만만한 일이 아니다. 어떤 일이 나에게 납득이 되려면 명령을 하면 안 된다. 그렇게 해서 이루어지는 것은 일시적이고 언제 변할지 모른다.

인간은 명령에 의해서 움직이기보다는 제안이나 질문을 통해서 더 잘 움직이는 존재다.

인간은 인격을 가졌기에 인격적인 방법을 사용하는 것이 바람직하다. 직접 몸으로 보여주고 삶의 모델이 되면 납득이 더 잘된다. 인간관계를 잘하는 사람은 상대방을 주관하기보다는 그를 돕고 스스로 서게 하는 지혜를 가지고 있다. 상대방을 납득시키기 위해서는 이런 자세가 필요하다.

> "우리가 너희 믿음을 주관하려는 것이 아니요 오직 너희 기쁨을 돕는 자가 되려 함이니 이는 너희가 믿음에 섰음이라"(고후 1:24)

### 주는 단계이다

인간관계를 잘하기 위해서는 주어야 한다. 주기 위해서는 이해, 깨달음, 사랑, 납득의 단계가 이르러야 한다. 그럴 때 자기 것을 기꺼이 주게 된다. 인간관계는 머리와 마음만으로 이루어지지 않는다. 그것이 행동으로 나타나야 하는데 그것이 주는 것이다. 나의 것을 나누는 행동까지 이어지면 인간관계는 목적을 이루게 된다.

그러나 처음부터 주는 단계가 되기 어렵다. 무언가 나누어 주면 사람은 좋아하게 된다. 그런데 앞의 단계를 무시하고 그냥 주는 행동이 된다면 그것은 얼마 못가고 만다. 상대방이 다른 동기가 있을 수 있다고 생각할 수 있다. 이렇게 하면 오히려 자신이 시험이 들면서 나중에는 주면서 죄를 짓는 상황이 생긴다. 오히려 자기의 유익을 위해서 다른 사람에게 나누는 그런 인간관계가 되어 문제를 더 악화시킨다.

자기의 목적을 위해 뇌물을 주면서 인간관계를 맺는 사람들이 있다. 이런 인간관계는 자기에게 손해가 되면 주었던 뇌물이 나중에는 모두를 패망하게 하는 폭탄으로 변하게 된다. 주려면 대가 없이 주어야 하고 진심으로 주어야 한다. 이렇게 되기 위해서는 먼저 나의 마음을 열어야 한다. 그런 진실한 모습을 통해 상대방의 마음이 열리게 되고 주는 행동을 통해 완성에 이르게 된다. 주는 것은 마음의 표현이다. 말로 하는 사랑도 있지만 직접 물질을 주고 시간을 나누어 주는 그런 사랑이 진정한 사랑이다.

예수님께서도 인류를 위해 십자가에 자신을 내어주는 단계까지 오기 위해서는 여러 단계를 거치셨다. 금방 이루어진 것이 아니다. 즉 단순한 감정적인 행동이 아니었다. 겟세마네에서 기도하신 모습을 보면 잘 알 수 있다. 세 번이 걸쳐 기도하시면서 하나님의 뜻을 찾고 구했다. 이런 과정을 통해 이해, 깨달음, 사랑, 납득의 단계에 이르자 자신을 십자가에 주는 행동이 나오게 됨을 알 수 있다. 주는 것은 자신을 주는 것이고, 자신의 모든 것을 주는 것이다. 우리는 이것을 헌신이라고 말한다. 인간관계가 이런 헌신의 단계까지 이르게 되면 그것은 성공적인 모습이다. 특히 그리스도인에게서 주는 것은, 곧 십자가의 삶을 이루는 것이다. 가능한 한 많은 것으로 구제하고 나누어 주는 단계까지 이르도록 하자.

"되로 주고 말로 받는다."라는 속담이 있다. 다른 사람에게 주면 언젠가는 받게 된다. 인간관계를 보아도 잘 알 수 있다. 먼저 주면 그 다음은 받게 된다. 이것은 변하지 않는 진리다. 당장 받지 못해도 결국 주면 받게 된다. 더 큰 보상이 주어진다.

인간관계는 주고받음이다. 이렇게 되면 인간관계의 목적을 이루는 것이다. 내가 상대방을 사랑하면 언젠가는 상대방도 나를 사랑하게 된다. 그렇게 해서 서로 사랑하는 단계에 이르게 된다. 만약 인간이 주지 못하면 하나님께서 주신다. 주는 것은 결코 손해가 아니다. 주고받는 인간관계가 되면 그 공동체는 아름답다. 사람들에게 칭찬을 받게 된다.

우리 사회도 이런 단계까지 이른다면 정말 살고 싶은 나라가 될 것이다. 주는 자가 받는 자보다 복이 있다고 주님께서 말씀하셨다. 정말 받고 싶으면 먼저 주어야 한다. 그런 사람을 통해 우리가 사는 사회는 아름답게 된다.

록펠러는 사업에 선천적인 자질을 타고나 20대에 사업을 시작한 이후로 승승장구하여 33세에 이미 미국 제일가는 부자가 되었고, 43세에는 세계 제일의 부자가 되었다. 그러나 그가 53세가 되었을 때 위기가 찾아 왔다. 알지 못하는 불치의 병이 생긴 것이다. 탈모증으로 머리카락이 완전히 빠져나가 문어머리가 되었고, 음식을 제대로 먹지 못해서 그의 몰골은 해골과 같았다. 그에게 세계 제일의 부자란 아무 의미가 없었다. 언제 죽을지 모르는 록펠러의 특종을 잡기 위해 당시에 뉴욕 지방신문들은 "록펠러 사망하다!"라는 기사를 써둔 체로 그의 사망 순간을 기다리고 있었다. 그렇게 절망 상태로 지내던 록펠러가 어느 날 밤, 잠들지 못해 침실에서 응접실로 오락가락하며 고통스런 시간을 보내고 있을 때였다. 그는 탁자 위에 성경을 생각 없이 손길이 가는 대로 펼쳐 눈 가는 대로 읽었다. 그 순간 첫 눈에 들어온 구절이 그의 마음과 영혼을 움직였다. 누가복음 6장 38절의 "주라. 그러면 넘치도록 받을 것이다."라는 말씀이었다. 이 말씀을 읽는 순간 록펠러는 자신의 헐벗은 영혼의 모습과 평생토록 수단 방법을 가리지 않은 채로 모으기만 하였지 주는 일에 무관심하였던 자신의 모습이 보였다. 그날 이후로 크게 회심한 그는 다음 날 비서를 불러 '주는 방법'을 연구하라고 일렀다. 그래서 시작된 기구가 록펠러재단이다.

그런데 그에게 기적이 일어났다. 그가 주기 시작하면서부터 건강이 회복되어 가는 것이었다. 소화가 되기 시작하고 잠이 오기 시작하였다. 빠졌던 머리카락이 다시 나기 시작하였고 살아 있다는 것의 보람을 느끼기 시작하였다. 그렇게 건강을 회복한 그는 무려 98세까지 장수하였다. 비록 록펠러는 갔지만 그가 세운 록펠러재단은 지금까지 수없는 기부를 통해 세계를 아름답게 하고 있다.

만약 열심히 주었고 희생했는데도 세상에서 상이 없다면 하늘에서 상이 더 클 것이다. 주는 삶은 결코 헛되지 않는다. 이런 사람이 많아지는 사회, 교회가 되면 하나님의 나라가 이 땅에도 이루어질 것이다.

"흩어 구제하여도 더욱 부하게 되는 일이 있나니 과도히 아껴도 가난하게 될 뿐이니라"(잠 11:24)

"주라 그리하면 너희에게 줄 것이니 곧 후히 되어 누르고 흔들어 넘치도록 하여 너희에게 안겨 주리라 너희가 헤아리는 그 헤아림으로 너희도 헤아림을 도로 받을 것이니라"(눅 6:38)

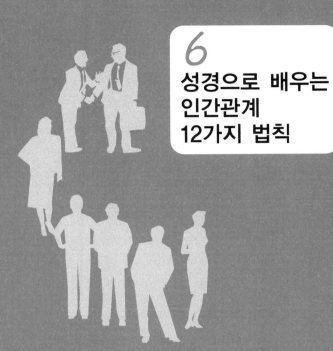

# 6

## 성경으로 배우는
## 인간관계
## 12가지 법칙

# 1 오래 참아라

인간관계에서 참는 것처럼 힘든 일이 없다. 인간관계에서 생기는 대부분 문제는 참지 못해서 생기는 것들이다. 조금만 참으면 되는데 그것이 힘들다. 다시 생각해보고 상대방의 입장이 되어 보는 공감의 시간이 조금만 있어도 문제가 일어나지 않는다. 감각적인 사람일수록 참는 것이 어렵다. 다투고 미워하고 화를 내고 비방하며 갈라서는 인간의 모든 일은 참는 능력이 부족해서이다.

물건은 납기일에 맞추어 만들어 낼 수 있지만 인간의 생명은 그럴 수 없다. 생명은 금방 자라지 않는다. 일정한 시간이 지나야 자란다. 물건처럼 기일을 앞당길 수 없다. 사람 양육은 성급하게 하면 실패한다. 돌보면서 오래 기다리는 것이 필요하다.

왜 이렇게 인간관계가 힘들까? 그것은 성급함 때문이다. 사람은 금방 완성되는 것이 아니다. 생명 있는 나무는 기다림을 통해 열매를 맺는다. 왜 기다려야 하는가? 서로 공감하기 위해서다. 인간관계는 일방적인 것이 아닌 쌍방의 관계를 이루는 것이다. 두 사람이 만나 관계를 이루는데 그렇게 한순간에 해결되는 것이 아님에도 우리는 너무 빨리 관계를 진전시키려고 한다.

인간관계를 잘하는 한 가지 방법은 오래 참음이다. 아직 무언가 잘 안 되면 기다리면 된다. 사랑은 오래 참고 기다려 주는 것이다. 그러면 모든 인간관계는 다 해결된다. 지나고 나면 서운한 것도 이해가 된다. 서로를 이해하는 것은 긴 시간이 필요하다.

하나님께서는 우리를 얼마나 기다려 주시는지 모른다. 우리는 하나님의 기다림을 배워야 한다. 하나님께서 오래 기다려 주시니까 우리는 지금까지 하나님과 관계를 유지할 수 있는 것이다. 그렇지 못하면 벌써 관계가 깨어졌다. 죄악을 품고 있는 우리의 모습을 참고 기다리시는 하나님의 성품을 생각해 본 적이 있는가? 하나님의 오래 참음이 있기에 오늘 우리가 이렇게 존재하는 것이다. 감사할 뿐이다.

부부가 결혼하여 3년 시기쯤 가장 이혼율이 높다. 왜 그럴까? 급하게 무언가 관계를 이루어 보려고 하니까 그렇다. 30년 가까이 지내온 서로 다른 삶이 어떻게 1–2년 안에 맞춰질 수 있는가. 불가능하다. 적어도 10년 정도 기다리면 된다. 잘 참고 기다리면 아무것도 아닌 것을 가지고 그렇게 다투었다고 생각하게 된다.

기다리면 유익이 있다. 기다리면 사람을 더욱 그리워하고 사랑하게 된다. 참고 기다리면서 상처가 치유된다. 깊은 상처는 단번에 치유되지 않는다. 오래 참는 하나님의 성품을 잘 배워 실천하면 좋은 열매가 열린다. 인간관계는 참고 기다리는 것이다. 사단은 우리를 조급하게 만든다. 그래서 모든 인간관계가 깨어진다. 뒤돌아보면 후회가 되지만 우리는 늘 그렇게 일을 만든다.

야곱은 라헬을 사랑하는 까닭에 7년을 며칠 같이 여겼다(창 29:20). 정말 사랑하는 마음이 있으면 어떤 불합리한 환경일지라도 참고 기다리게 된다. 인간관계가 힘든 것은 인내하지 못한 데 원인이 있다. 정말 좋은 의도에서 사람을 만나고 있다면 언젠가 나의 진심을 알아줄 것이다. "선을 행하다 낙심하지 말지니 때가 이르면 거둔다."고 성경은 말씀하고 있다.

기다림은 인간관계를 더욱 돈독하게 하는 시간이다. 기다림은 준비하는 시기이다. 서로 맞추는 과정이다. 마음이 열릴 때까지 기다려 주는 것이 필요하다. 이런 마음으로 참으면 우리도 참을 수 있다. 참된 사랑은 강요가 아닌 기다려 주는 것이다. 그것을 사용할 수 있는 시간을 주는 것이다. 또한 참고 기다리는 것은 하나님의 때를 맞추는 것이기도 하다

아버지는 아버지를 버리고 나간 탕자를 기다려 준다. 이것이 하나님의 마음이다. 인간관계가 잘 안 풀릴 때는 기다려라. 물론 참고 기다리는 것이 견디기 어려운 일일 수 있다. 그러나 인간은 참고 기다림을 통해 성숙하게 되고 서로를 배우게 된다. 우리는 이미 만들어진 좋은 사람을 찾으려 한다. 그렇지 않다. 부족한 사람이 만나 같이 만들어 가는 것이 인간관계이다. 퍼즐을 맞추는 것이 쉽

지 않다. 그러나 계속 노력하고 힘쓰면 결국은 맞추게 된다.

"혹 네가 하나님의 인자하심이 너를 인도하여 회개하게 하심을 알지 못하여 그의 인자하심과 용납하심과 같이 참으심의 풍성함을 멸시하느냐"(롬 2:4)

# 2 온유하라

온유의 다른 번역은 친절이다. 우리는 친절한 사람을 좋아한다. 반면에 무례한 사람은 모두가 싫어한다. 친절한 사람은 다음에도 또 만나고 싶다. 친절은 몸으로 사랑을 전하는 것이고, 친절은 몸의 언어이다. 친절은 벙어리도 말할 수 있고, 귀머거리도 들을 수 있는 언어다.

처음 만나는 사람에게 친절을 베푸는 것은 상대방의 마음문을 여는 데 좋다. 불친절한 사람을 만나면 마음이 상한다. 그런 사람을 만나면 온종일 기분이 안 좋다. 첫인상은 친절과 연관이 있다. 친절은 따스한 난로와 같다. 사람에게 포근함을 준다. 친절은 행동으로 나타나지만 마음에서 시작한다. 어떤 사람이 친절할까? 당연히 마음이 따스한 사람이다.

친절을 베풀면 사람의 마음이 부드러워진다. 친절은 다른 사람을 존경하고 높이는 마음이다. 친절해야지 하면서도 좋아하지 않는 사람을 만나면 퉁명스럽게 대하는 경우가 있다. 이것은 많은 사

166

람들에게 나타나는 모습이다. 친절은 몸에 배어야 자연스럽게 보인다. 자연스럽게 몸에 배려면 몇 번의 친절 연습을 통해서 이루어지는 것이 아닌 오랜 생활 속에서 습관처럼 행할 때 생긴다.

인간관계를 이루는데 친절은 매우 중요하다. 사람이 가질 수 있는 가장 큰 덕은 친절이다. 모든 사람을 사랑할 수는 없지만 모든 사람에게 친절할 수는 있다. 내가 친절하면 친절을 받은 사람도 다른 사람에게 친절하게 된다. 이런 점에서 친절은 전염된다.

미국 독립전쟁 중에 명성을 얻은 앤더슨 소령은 도서관을 하나 가지고 있었다. 그의 도서관은 많은 지식을 얻고 싶어 하는 지방의 젊은이들에게 인기가 높았다. 그는 자기의 도서관을 다른 사람이 사용할 수 있도록 개방했다. 그중에 스코틀랜드 출신의 보잘 것 없는 한 소년이 있었다. 소년은 토요일 아침마다 도서관에 와서 책을 읽었다. 그리고 많은 것을 배웠다. 그 소년이 미국의 부자가 된 강철왕 카네기이다. 이후 카네기는 자기가 받은 은혜를 미국 전역에 카네기 도서관을 세우면서 그가 받은 친절을 나누기 시작했다. 지금도 많은 사람들이 그가 세운 도서관에서 혜택을 누리고 있다.

어떻게 친절을 베풀까? 먼저 가까운 사람에게 친절을 베풀고 그러고 나서 나에게 다가오는 사람에게 친절을 베푸는 것이다. 현재 나에게 찾아오는 사람이나 만나는 사람부터 친절한 행동을 보여라. 마음을 다해 친절을 베풀면 그 사람에게 복이 임한다. 친절한 사람은 모두가 좋아하며 무언가 되돌려 주고 싶은 마음이 든다.

둘째, 거창한 것부터 아닌 작은 것에서부터 친절하라. 한 사람

한 사람을 대할 때마다 친절하게 행동하고 상대방에게 따스한 마음을 전하라. 그러면 상대방은 즐거워 할 것이다. 친절은 사람을 만나면서 할 수 있는 가장 쉬운 일이다. 그러나 마음이 안 들면 이것처럼 어려운 일이 없다.

친절은 예수님의 마음이다. 예수님께서는 만나는 사람에게 늘 친절하게 대하셨다. 복음서를 읽어 보면 예수님의 행적이 나온다. 예수님께서는 작은 사람일지라도 함부로 대하지 않으셨다. 제자들은 예수님에게 다가오는 어린아이를 무시했지만 예수님께서는 그들을 따스하게 안아 주셨다.

우리가 사는 세상은 무척 차갑다. 이런 세상을 따스하게 만드는 길은 만나는 사람에게 친절을 베푸는 일이다. 그렇게 되면 친절은 또 다른 친절을 낳는다. 아브라함은 부지중에 자기 집에 찾아온 손님을 대접하고 친절히 대했다. 최고의 정성을 다해 대접했다. 모르는 사람에게 친절을 베푼다는 것이 쉽지는 않은데 아브라함은 친절하게 대했다. 그가 대접한 세 사람은 천사였다. 천사인지 모르고 부지중에 나그네를 친절하게 대접한 것이다.

오늘날 우리들도 아브라함처럼 처음 만나는 사람이라도 자기에게 다가오는 사람에게는 친절히 대해야 한다. 친절을 통해 상대방에게 존경을 표시하자. 그렇게 되면 상대방도 나를 좋아하게 될 것이다. 인간관계는 자연스럽게 열린다. 나의 행동을 한번 돌아보자. 말하는 것이나 사람을 대하는 태도가 퉁명스럽고 못마땅하다는 듯한 인상을 갖게 하지는 않는지 생각해 보자.

168

# 3 시기하지 마라

인간의 마음속에 불꽃처럼 타오르는 것이 있는데 그 것은 시기심과 질투심이다. 이것은 인간관계가 좋을 때 는 문제가 없는데 인간관계에 갈등이 생기면 이것이 불 일듯 일어난다. 시기는 인간의 이기적인 욕망에서 나온 다. 시기와 질투는 늘 같이 나온다. 질투와 시기와 비방은 서로 연 결된 것이기 때문이다.

질투는 내가 받아야 할 사랑을 다른 사람들이 받는다고 생각할 때 느끼는 불편한 감정이다. 반면 시기는 불편한 감정을 넘어 상대 의 명성과 인격을 파괴시키는 행위를 말한다. 질투가 생기면 시기 심이 생기고, 시기심이 가득 차면 악한 행동들, 즉 비난과 비방과 험담을 하게 된다.

시기와 질투는 마음에서 일어나는 죄악이다. 비난하고 비방하 기 전까지는 그 사람이 마음으로 시기하고 질투하는지 잘 모른다.

나도 속고 상대방도 속는 경우가 많다. 자기가 시기하고 있다는 것을 모르면서 계속 시기하게 된다. 시기는 자신의 화살로 자신을 죽이는 자살 행위이다. 시기와 질투와 비난을 일삼는 사람은 오래 살 수 없다. 육신에도 많은 스트레스를 주어 병이 생긴다.

시기와 질투는 같은 종류 사람에게서 생기는 마음의 병이다. 즉 동류의 인간관계 속에서 생기는 것이다. "거지는 거지를 시기하고 시인은 시인을 시기한다."는 말이 있듯이 자기와 관계 없는 사람에 대하여는 거의 일어나지 않는다. 비슷한 사람들과의 관계에서 생긴다. 예를 들면, 옷가게를 하는 사람이 어떤 농부가 농사가 잘된다고 질투하지 않으며, 회사원이 동네 빵집이 잘된다고 해서 질투하지 않는다. 늘 같은 직업이나 같은 분야에서 경쟁 관계에 있을 때에 일어난다.

또한 시기와 질투는 멀리 있는 사람에게 갖는 것이 아니다. 아프리카에 사는 어떤 사람이 사업에 성공해 큰 돈을 벌었다고 해서 우리는 그를 시기하지 않는다. 그러나 가까운 인간관계 속에 있는 사람이 그렇게 되었다고 하면 질투와 시기심이 생긴다. 그래서 부부 관계, 연인 관계, 친구 관계. 동업자 관계는 늘 시기와 질투가 존재한다.

인간관계를 잘 이루기 위해서는 먼저 시기와 질투심을 제거해야 한다. 같은 처지에 있을 때는 친구와 좋은 사이가 된다. 그러나 어느 날 한 친구가 잘되면 그 순간부터 친구 사이에는 시기와 질투가 발생하게 된다. 시기와 질투는 열등감에서 오는 것이다. 자존감이 부족할 때 생기는 마음의 병이다. 이것이 한 번 마음을 사로잡으면

170

나중에는 무섭게 번져 파괴적인 행동으로 나타날 수 있기에 마음에서 일어나는 작은 시기와 질투심을 처음부터 제거하도록 해야한다. 특히 가까운 인간관계에 있는 사람들에게서 이런 마음이 생기지 않도록 해야 한다.

 레오나르도 다빈치가 가장 유명하던 때였다. 플로렌스의 한 건물을 장식하기 위하여 다빈치와 그 당시 잘 알려지지 않은 젊은 화가인 미켈란젤로에게 스케치가 맡겨졌다. 다빈치가 스케치한 작품도 훌륭했지만, 미켈란젤로의 스케치가 도착했을 때 사람들은 그 작품에 대해 경이적이고 열정적인 반응을 보였다. 그 결과 다빈치는 미켈란젤로에 의해서 자신의 명성이 퇴색되어 감을 느끼게 되어 여생이 구름 낀 나날이 되었다고 한다.
 시기와 질투는 인간관계를 파괴시킬 뿐 아니라 결국은 자신의 생애를 파괴시킨다. 인간관계가 돌아설 수 없는 관계로 치닫는 경우는 대부분 질투와 시기심에서 비롯된 것이다. 시기심은 인간이 가지는 최악의 감정으로 당사자는 물론, 그가 사랑하는 사람들까지 불행하게 만든다. 시기심은 자신을 행복하게 하는 것이 아닌 공허하고 더 비참하게 만든다는 것을 기억하자.

 성경에 가인과 아벨의 형제 이야기가 나온다. 같은 형제이지만 가인의 마음속에 시기가 일자 나중에 동생 아벨을 죽이는 엄청난 죄를 저지른다. 역시 라이벌 관계로 늘 갈등 속에 살았던 사울과 다윗의 관계도 시기와 질투로 전개되는 대표적인 이야기이다. 사울이 다윗을 시기함이 정도가 심해져 다윗을 수없이 죽이려고 했다. 그러나 나중에는 스스로 자살하는 비참한 종말을 맞이하게 된다. 시기심이 얼마나 무서운 것인지를 보여주는 대목이다. 또 요셉과 그의 배다른 형제들과 사이에 일어난 시기심도 좋은 예이다. 아버지의 편애에 대한 불만과 시기심이 가득 차면서 형들은 동생 요셉을 죽이려 한다.

시기는 인간관계를 파괴하는 암과 같은 것이다. 우리 안에 이런 마음이 들어가는 것을 느끼는 순간 빨리 제거해야 한다. 그것을 점점 마음속에 키우면 커다란 암 덩어리가 되어 모든 관계뿐만 아니라 공동체까지 파괴하는 엄청난 죄로 발전할 수 있다. 이 모든 것은 자기만을 생각하는 욕심에서 비롯된 것이다. 그리고 상대방을 존중하는 마음이 부족해서 생기는 것이다.

"육체의 일은 분명하니 곧 음행과 더러운 것과 호색과 우상 숭배와 주술과 원수 맺는 것과 분쟁과 시기와 분냄과 당 짓는 것과 분열함과 이단과 투기와 술 취함과 방탕함과 또 그와 같은 것들이라"(갈 5:19-21)

"평온한 마음은 육신의 생명이나 시기는 뼈를 썩게 하느니라"(잠 14:30)

# 4 자랑과 교만하지 마라

인간관계를 파괴하는 치명적인 적은 교만이다. 우리는 이것이 우리 마음속에 침투하지 않도록 늘 조심하고 경계해야 한다. 우리에게 잘 알려진 『나니아 연대기』의 저자요, 20세기 영국과 세계의 기독교를 대표한 학자의 한 사람으로 불리는 C. S. 루이스(Clive Staples Lewis)가 정의한 일곱 가지 악이 있다. 그는 '교만', '시기', '분노', '호색', '탐식', '게으름', '탐욕'이 인간을 대표하는 악이라고 정의했다.

첫 번째가 바로 '교만'이다. 사람은 언제 교만하게 될까? 그것은 자기 자랑거리가 많을 때이다. 자랑과 교만은 같이 간다. 자랑할 것이 없다면 교만할 수도 없다. 교만이 가진 자에게 주로 많이 나타나는 이유는 늘 자랑거리가 있기 때문이다. 갑자기 부유해지거나 권력을 갖게 되면 사람이 교만해진다. 처음과 다른 모습을 지니게 된다.

인간관계를 힘들게 하는 사람은 교만한 사람이다. 자기 자랑을 많이 하는 사람은 사람들이 좋아하지 않는다. 이런 사람은 자기보다 못한 사람을 무시하고 내려다본다. 사실 못한 것이 아님에도 그렇게 생각한다. 사람은 물질적 가치 이상이 있는데 교만한 사람은 그것을 모른다. 교만한 사람은 보이는 것에 치중하는 사람이다. 보이지 않는 영적인 가치를 생각하는 사람은 세상의 자랑이 헛된 것인지 안다.

하나님을 믿는 사람은 아무래도 세상 사람들의 교만과는 차이가 있다. 그리스도인은 자기보다 높은 사람이 있다고 믿기에 아래만 쳐다보지 않고 위를 쳐다보면서 산다. 이렇게 보면 우리에게 하나님이 계신다는 것이 얼마나 감사한 일인지 모른다.

유대인들은 어릴 때부터 머리에 키퍼라는 모자를 쓴다. 그것은 어린이나 어른이나 할 것 없이 유대인이라면 누구나 쓴다. 아버지는 어린아이에게 키퍼 모자를 쓰게 한다. 그 이유는 어릴 때부터 자기 위에 높으신 하나님이 계신다는 것을 알려주기 위해서다. 교만하지 않고 늘 겸손하게 살게 하기 위해서다. 위에 계신 하나님을 두려워하게 되면 자연히 다른 사람을 무시하지 않게 된다. 자손대대로 이어지는 유대인의 교육 방법이다.

가장 교만한 사람은 자기가 의롭다고 생각하는 사람이다. 이런 사람은 자기가 모든 것의 주인이다. 자기 생각으로 살아간다. 특히 착하고 의롭게 산다고 자부심을 갖는 사람에게 이런 현상이 많이 나타난다. 스스로 의롭다고 생각하고 그것에 자부심을 느끼는 사람은 사단이 만든 걸작품이다. 사람들은 그런 사람을 높게 본다. 그러나 그것이야말로 하나님 앞에서는 악한 사람이요, 교만한 사람이다. 인간은 모두 죄인이다. 이것을 안다면 모든 인간은 겸손하게 살아야 한다.

　1646년 프랑스의 한 의사가 얼음판에 넘어져 골절상을 입은 환자에게 왕진을 갔다가 환자의 아들에게 성경을 건네주었다. 그 아들은 23세의 패기에 찬 청년으로 19세 때 이미 계산기를 발명한 과학자요, 수학자요, 천재인 파스칼이었다. 이 오만한 천재는 성경을 받은 것을 계기로 후에 그 어떤 과학이나 수학의 업적보다 위대한 업적을 인류에게 남겼다. 바로 하나님의 진리와 사랑을 생각하면서 자기 고백을 적은 책『팡세』였다. 파스칼은 1662년 39세의 일기로 세상을 떠날 때 말했다.

　"주여, 나를 긍휼히 여기소서."

　인간은 스스로 겸손할 수 없다. 그것은 자기가 노력한다고 되는 것이 아니다. 자기 잘난 맛에 사는 것이 인간이다. 자기보다 더 크고 위대한 사람을 만나지 못하면 여전히 인간은 자기가 제일이라고 생각하면서 산다. 아무리 지위가 높고 재산을 많이 가진 사람이라도 다른 사람이 그를 볼 때는 다 같은 인간이라는 생각을 하게 된다.

　인간을 통해서 자기가 겸손해지기는 어렵다. 여전히 마음속에서는 자기중심이 가득 차 있기 때문이다. 설사 노숙자 신세로 살아가는 거지라 할지라도 자기 고집을 가지고 있다. 그것이 인간이다. 그러나 어느 날 말씀을 통해 주님을 만나면 사람은 겸손해지게 된다. 하나님을 느낄수록 인간은 겸손하게 된다. 인간이 진정 겸손하게 되는 비결은 하나님을 만나는 길 외에 다른 길이 없다.

바벨론의 느브갓네살 왕은 당시 오리엔트 세계를 제패한 강력한 통치자로서 자기 자신을 높일 자격이 충분했다. 그는 백성들에게 자기를 신처럼 섬기는 것을 강요하였고 심지어 금신상을 만들었다. 그런 교만함은 하나님의 심판을 받게 되었다. 그는 비참하게 짐승처럼 살았다. 세상을 정복하며 힘을 과시한 대국의 왕들은 한결같이 교만했다. 바벨론의 느브갓네살 왕뿐 아니라 애굽의 바로 왕, 헬라의 알렉산더 왕, 로마의 시저 등 모두 자기를 신처럼 높여 주며 숭배하기를 원했다.

그러나 그들의 마지막은 모두 비참하게 무너졌다. 교만한 자의 말로를 역사는 그대로 보여준다. 이런 역사적인 교훈을 알고 있음에도 불구하고 인간은 여전히 교만을 버리지 못한다. 지금도 교만의 함정에 빠져드는 사람들이 수없이 많다.

세계 최대의 여객선인 '타이타닉 호'는 대서양 횡단을 목적으로 항해를 시작했다. 전 세계가 '타이타닉 호'의 출항에 이목을 집중했다. 그런데 이 배가 캐나다 동부 해안에 이르렀을 때, 항해사는 해안 통제소로부터 '빙산 주의!'라는 무전을 받았다. 그러나 항해사는 거대한 '타이타닉 호'를 너무 신뢰한 나머지 선장에게 보고할 생각조차 하지 않았다. '타이타닉 호'는 점점 빙산을 향하여 나아갔고, 항해사는 한참 시간이 지난 후 선장에게 다음과 같이 보고했다.

"전방에 빙산이 있다는 무전을 받았는데 어떻게 할까요? 설마 이 '타이타닉 호'가 빙산 따위에 눈이나 깜짝하겠습니까?"

선장도 항해사의 말에 맞장구를 치며 이렇게 명령했다.

"하나님이라도 이 배를 어찌할 수 없을 걸세. 항해를 계속해!"

그러나 수 킬로미터도 못 가서 '타이타닉 호'는 빙산에 부딪쳐 침몰하였고 승객 2,300명 중 단 700명만 살아남았다. 인간의 교만이 얼마나 처참한 결과를 초래하는가를 여실히 보여주는 한 사건이다. 많이 가질수록 세계 최고가 된다고 믿을 때가 교만의 덫으로 들어가기 가장 좋은 순간임을 잊지 마라.

사람은 힘이 있을 때 교만하지 않도록 조심해야 한다. 그러나 대부분의 사람들은 힘을 가지면 교만과 친구가 된다. 그때는 주변 소리가 들리지 않는다. 힘이 있을 때 이전의 친구는 모두 떠나고 새로운 친구를 사귀는 사람이 있다. 혹시 그런 친구가 있다면 그를 조심하라. 갑자기 부자가 되면 모든 것이 바뀌는 사람도 위험하다. 이전의 것을 모두 버리고 새로운 집과 고급 차로 모두 바꾸어 버리는 사람은 교만한 사람의 대표적인 유형이다.

하나님께서는 교만한 자를 싫어하시고 겸손한 자를 좋아하신다. 인간관계를 해치는 위험한 인물은 자기 교만과 자랑으로 가득 차 있는 사람이다. 그리스도인은 이런 사람과는 멀리 해야 한다. 그런 사람과 같이 있으면 어느 날 같이 멸망할 수 있기 때문이다.

"교만은 패망의 선봉이요 거만한 마음은 넘어짐의 앞잡이니라"(잠 16:18)

"누구든지 자기를 높이는 자는 낮아지고 누구든지 자기를 낮추는 자는 높아지리라"(마 23:12)

# 5 무례히 행치 마라

'예의'는 동양에서 사용하는 말이다. 서양에서는 '에티켓(Etiquette)' 혹은 '매너(Manner)'라고 말한다. 동양에서 뿐만 아니라 서양에서도 매너 없는 사람은 기본이 안 된 몰상식한 사람으로 여긴다. '예의범절'은 상대방에 대한 배려, 즉 에티켓을 표현하는 동작이나, 습관 같은 것으로 정의할 수 있다. 그래서 우리는 흔히, 어떤 행동하는 모습을 보고 매너가 좋다 혹은 나쁘다고 얘기하기도 한다.

에티켓은 형식이며, 매너는 방식이다. 예를 들어, 인사를 한다는 것은 에티켓이며, 그 인사를 바르고 공손하게 하느냐, 경망스럽게 성의 없이 하느냐 하는 것은 매너라고 할 수 있다. 인간관계에서 예의는 중요하다. 예의는 상대방을 대하는 형식과 방식이다. 거기에 인간에 대한 마음이 담겨져 있다.

군자는 '문질빈빈(文質彬彬)'이라고 했다. 즉 외적인 교양과 내적인 질박함을 고루 갖추어야 존경할 만한 사람이 된다는 뜻이다. 가끔 무례한 행동을 하는 사람이 있다. 남을 배려하지 않는 자기만의 돌출행동은 조심해야 한다. 예절은 마음을 표현하는 형식이다. 즉 상대방에 대한 표현이다. 그런 이유로 무례하게 행동하는 사람을 보면 자존심이 상한다. 나를 무시하는 듯한 인상을 받음으로써 마음이 편치 않다.

왜 예절이 필요한가? 사람과 사람이 만나는 교류와 접촉에는 서로 간에 반드시 지켜야 할 도리가 있다. 이것을 잊어버리면 마음의 진정성이 의심을 받게 된다. 인간에 대한 교육이 없다 보니 예의가 많이 사라졌다. 요즈음 젊은이와 옛날의 젊은이와 비교하면 현대 젊은이들은 발랄하고 개성이 있어서 좋은데 인간을 존중하는 면이 부족하다. 실력보다 예의가 더 중요하다. 회사나 직장 등에서도 실력보다는 예절을 중시해야 한다. 상대방에게 예의를 갖추지 않는 사람은 기본이 약하기에 무엇을 하든지 부딪히기 쉽다.

인간관계를 잘하는 비결 세 가지가 있다. 첫째로는 예절 바른 사람이 되는 것이고, 둘째로 정직하고 성실하고 책임감 있는 사람이 되는 것, 셋째로 실력을 갖춘 사람이 되는 것이다. 첫 번째가 예절이다. 왜 그럴까? 예절은 사람이 사는데 기본이기 때문이다. 예절이 없으면 건방져 보이고 아무리 좋은 실력을 가졌어도 인정받기 어렵다.

부부간에, 형제간에, 친구 간에, 애인 간에, 성도 간에도 지켜야 할 도리가 있다. 예의는 상대방에 대한 존경이다. 물론 각각 다르기에 상대방의 문화에 맞추어서 예의를 지키는 것이 좋다. 기억하라. 사랑은 무례히 행하지 않는 것이다. 그 사람의 예의를 보면 그 사람의 사랑의 정도를 알 수 있다. 아무래도 예의가 바른 사람은 호감이 가고 그 사람을 주시하게 된다.

이것은 전도에도 그대로 적용된다. 그리스도인이 불신자를 전도할 때에는 예의를 갖추어야 하는데 실제 무례한 기독교인처럼 행동하는 경우가 많다. 예를 들어, 배려 없이 고성방가로 전도를 함으로써 이기적이며 무례한 기독교로 오해하게 만드는 경우다. 기본적인 예의에서 틀어지면 그 다음은 아무것도 효과가 없음을 기억하자.

> "사랑은 오래 참고 사랑은 온유하며 시기하지 아니하며 사랑은 자랑하지 아니하며 교만하지 아니하며 무례히 행하지 아니하며 자기의 유익을 구하지 아니하며 성내지 아니하며 악한 것을 생각하지 아니하며"(고전 13:4-5)

# 6 자기의 이익을 구하지 마라

 사우스 웨스트 항공사의 사원모집 광고 내용에 이런 글이 있다.

"우리는 '다른 사람의 말을 잘 들어주고, 다른 사람을 생각하고, 미소를 잘 짓고, 감사합니다.'라는 말을 할 줄 아는 다정한 사람을 찾습니다."

한마디로 남을 먼저 배려하는 사람을 구한다는 말이다. 자기의 유익을 구하지 않고 남의 유익을 구하는 사람은 인간관계에서 성공할 수 있다. 이런 사람은 누구든지 좋아한다. 모든 것을 자기중심이 아닌 다른 사람의 중심에서 바라보는 사람은 어디를 가든지 환영받는다. 자기의 유익을 위해 하는 것은 아무리 열정적으로 한다 해도 그것은 진정한 사랑은 아니다. 다른 사람을 먼저 생각하지 않는 것은 거짓 사랑이다. 다른 사람의 유익을 생각하고 상대방을 먼저 배려하는 사람은 복을 받는다.

먹구름이 잔뜩 낀 오후, 갑자기 장대비가 쏟아지기 시작했다. 온 몸이 흠뻑 젖은 할머니 한 분이 비틀거리며 필라델피아 백화점에 들어섰다. 초라한 옷차림에다 비에 홀딱 젖은 초췌한 할머니를 판매원들은 아무도 거들떠보지 않았다. 그때 한 청년이 친절하게 할머니에게 말했다.

"할머니 뭘 도와드릴까요?"

할머니는 빙그레 웃더니 이렇게 말했다

"괜찮소, 여기서 잠깐 비만 피하고 갈 거요."

그런데 빗물이 계속해서 할머니의 발로 튀었다. 할머니가 어쩔 줄 모르고 있을 때 조금 전 그 청년이 할머니에게 다가갔다.

"힘드시죠? 입구에 의자를 놓아 드릴테니 앉아서 좀 쉬세요."

2시간 정도 시간이 지났다. 어느새 비가 그치고 화창한 햇살이 다시 비추기 시작했다. 할머니는 고맙다는 인사와 함께 청년에게 명함을 달라고 했다. 명함을 받은 할머니는 백화점을 나와 인파 속으로 사라졌다.

몇 달 후 필라델피아 백화점의 사장인 제임스는 편지 한 통을 받았다. 내용은 스코틀랜드에 와서 인테리어 자재 주문서를 받아가라는 것이었다. 그리고 앞으로 페리라는 청년에게 자신이 이끌고 있는 몇몇 계열사의 물품 공급을 일임하겠다는 내용도 함께 적혀 있었다. 제임스는 어안이 벙벙했다. 대충 계산해 보아도 이 편지 한 통으로 인한 이익이 백화점의 2년 총이익과 맞먹는 금액이었다. 그는 재빨리 편지를 보낸 사람과 연락을 취하고서야 그녀가 바로 백만장자이자 미국 철강산업의 아버지 앤드류 카네기의 어머니란 사실을 알았다. 바로 몇 달 전 필라델피아 백화점에서 비를 피했던 그 할머니였다.

제임스는 페리라는 이 청년을 회사 이사회에 추천했다. 스코틀랜드에 가기 위해 짐을 챙기던 22살의 젊은 청년은 하루아침에 이 백화점의 파트너가 되었다. 얼마 후 페리는 스카우트 제의를 받고 카네기의 회사에 입사했다. 그 후 몇 년 동안 카네기의 오른팔이 되어 승승장구했고 마침내 미국 철강업계에서 카네기 다음가는 신화적인 인물이 되었다. 단 한 번의 배려심이 그를 성공하게 만들었다.

결혼하는 사람들에게 상대를 배우자로 선택하게 된 동기를 물어보니 배우자의 자상한 배려 때문이라고 응답한 사람이 많았다. 특히 여성은 남성의 자상한 '배려'를 최고로 뽑았다. 남성 입장에서도 여성의 여성스러움, 즉 상냥함과 부드러움과 사소한 것을 잘 챙겨주는 것이 중요한 요건이었다. 지도자의 성품을 묻는 질문에도 45%에 해당되는 사람이 타인에 대한 배려를 손꼽았다.

배려를 국어사전에서는 '도와주거나 보살펴 주려고 이리저리 마음을 씀'이라고 정의하고 있다. 즉 배려는 상대방의 입장에서 생각하여 그의 성장을 돕고 환경을 개선하는 일이고, 다른 사람이 처한 환경에 대해서 사랑과 관심을 갖고 잘 보살펴 주는 것이다. 한자성어로 역지사지(易地思之)도 같은 의미를 지니고 있다. 상대편과 처지를 바꾸어 생각할 때 진정 사랑의 마음이 생기고 상대방을 배려하게 된다. 배려는 사랑하고 사랑받고 싶어 하는 사람에게 있는 본능적 욕구이다. 누구나 다른 사람에게 배려 받고 싶어 한다. 다른 사람에게 존경 받고 배려를 받으면 그 사람은 행복해 한다.

왜 사람들은 자기의 유익만 구하고 다른 사람을 배려하지 못할까? 그것은 남을 먼저 배려하다 보면 마치 내가 당장 손해 보는 것 같이 보이기 때문이다. 그렇다. 내가 남에게 양보를 하고 먼저 남을 배려하다 보면 나만 손해 보는 것 아닌가 하는 생각이 들 수 있다. 그러나 인간은 자기 유익을 구하는 것에서는 행복을 느낄 수 없다. 진정한 행복은 남의 유익을 구하는데서 생긴다. 그런 사람에게 하나님께서는 덤으로 큰 축복을 주신다.

tip

### 말 한마디로 배려하는 방법

- 마음을 넓고 깊게 해 주는 말_미안해
- 겸손한 인격의 탑을 쌓는 말_고마워
- 날마다 새롭고 감미로운 말_사랑해
- 사람을 사람답게 자리 잡아 주는 말_잘했어
- 화해와 평화를 이루는 말_내가 잘못했어
- 모든 걸 덮어 하나 되게 해 주는 말_우리는…
- 세상에서 가장 귀한 보배로운 말_친구여
- 봄비처럼 생각을 쑥쑥 키워주는 말_네 생각은 어때?
- 퇴근할 때 서로를 힘나게 하는 말_수고했어
- 일을 마쳤을 때 – 많이 고생했어
- 힘들어 할 때 – 꼭 좋은 일이 생길 거야
- 일을 시킬 때 힘나게 하는 말_…해 주면 어떨까?

# 7 성내지 마라

'탈무드'에 보면 사람을 평가하는 세 가지 기준이 나온다. 이 기준은 인간관계의 상태를 볼 수 있는 요소이기도 하다. 첫째는 돈, 둘째는 술, 셋째는 노여움이다. 모두 다른 사람과의 관계가 있는 것들이다.

돈을 어떻게 쓰고 관리하는가를 보면 그 사람을 알 수 있다. 우리나라 사람들의 인간관계는 주로 술을 통해서 이루어지기 때문에 술자리를 함께 해보면 그 사람의 진면목을 알 수 있다. 술에 취해 저지른 범죄는 너무나 많다. 마지막으로 노여움이다. 살다 보면 갈등으로 인해 분노가 생길 때가 있다. 그래서 분노를 어떻게 처리하는가를 보면 그 사람의 평소의 삶을 알 수 있다.

인간에게 가장 잘 나타나는 죄악 중에 하나는 분노하는 것이다. 모든 인간은 분노의 폭탄을 가지고 산다. 어느 날 숨어 있는 분노가 폭발하면 큰 문제를 일으킨다. 분노는 인간관계에서 발생한다. 분노는 인간이 가지고 있는 부정적 감정으로 사람과의 사이가 안 좋으면 적대감과 불안과 수치심이 쌓여 어느 날 갑자기 밖으로 표출된다.

세상에는 우리를 분노하게 하는 것들이 많다. 불합리한 사회구조, 힘들게 하는 주변 사람들, 반복해서 실수하는 자신의 모습을 보면서 분노하게 된다. 이것을 절제하지 못하면 공격적인 행동으로 상대방에게 피해를 준다. 그 대표적인 행동이 화를 내는 것이다.

화를 내면 인간관계는 파괴된다. 어떤 경우라도 화를 내면 안 된다. 화를 내서 이득 볼 것이 하나도 없다. 일단 화를 내면 뇌 속에서 해로운 물질이 분비되어 건강을 해치게 된다. 또 화는 노화를 촉진시킨다. 화는 활성산소를 생성시킨다. 활성산소는 호흡을 통해서 몸 안으로 들어간 산소가 변화한 것인데, 강렬한 노화 촉진인자로 인식되어 있다. 항상 화만 내고 있으면, 피부는 쭈글쭈글해지고 탄력성이 없어진다.

분노는 때로 감정을 자제할 수 없게 되어 인생을 파괴하는 수가 많다. 지나가는 사람에게 화를 내며 욕설을 퍼붓다가 살해당하는 경우도 있고, 사회에 대한 분노를 절제하지 못해 '묻지마 범죄'를 일으키기도 한다. 종종 화를 풀기 위해서 적당하게 화를 내는 것이 심리적으로 도움을 준다고 말하지만 오히려 위험하다.

어떤 사람이 화를 내는가? 욕구 불만이 가득한 사람이다. 또 자신의 약점을 건드리거나 험담과 비난을 하면 화를 내는 사람이다. 영적으로 보면 사단이 지배하면 화를 낸다. 교만하고 자기가 강한 사람이 주로 화를 낸다.

186

1972년 미국의 대통령 선거전에 있었던 일이다. 입후보자 중의 한 사람으로 상원의원인 에드먼드 머스키는 노련한 정치가였고 경험이 많은 유망한 상원의원이었다. 그는 누가 보아도 대통령 후보 지명전의 선두주자였다. 그러나 상대방은 그의 약점을 찾으려고 인신공격을 하였고, 비난의 화살이 모두 그에게 집중되었다. 텔레비전 토론에서 전국의 시청자들이 보고 있는 가운데 그는 감정을 억제하지 못하고 노하여 울음을 터트리고 말았다. 결국 그는 자기 감정을 다스리지 못하여 대통령 후보를 자진 사퇴했다.

　자기를 절제하는 능력이 없으면 분노에 지배당하게 된다. 분노를 절제하는 것은 인간관계에서 매우 중요하다. 한 번 화를 내면 그동안 쌓은 것이 한꺼번에 무너지게 된다. 우리는 평소 화를 조절하는 법을 길러야 한다. 부조리한 이 세상의 삶은, 그리고 죄 많은 인간과 살아가는 것은 늘 분노할 일로 가득 찰 수밖에 없다. 죽는 순간까지 우리는 이것을 피할 수 없다. 그렇다면 이것을 절제하는 길이 지혜로운 방법이다. 분노를 완전히 없앨 수는 없다. 스스로 조절하는 힘을 쌓아야 한다.

　화를 해결하는 방법에는 두 가지가 있다. 하나는 소극적인 방법으로 분노할 일에 맞서지 말고 회피하는 것이다. 부정적인 감정을 멀리 하고 다른 활동을 함으로써 기분을 전환하는 방법이다. 예를 들어, 가벼운 산책을 하거나 여행을 하는 방법, 음악을 듣거나 좋은 사람들과 만나 대화하는 방법이다. 아니면 기도하는 것, 찬양과 말씀을 듣는 것도 도움이 된다.

또 다른 방법은 적극적인 방법으로 분노할 만한 일에 대한 원인과 해결 방안을 찾는 것이다. 상대방을 만나 대화를 하고 다른 사람에게 조언을 구하는 방법이다. 그렇지 못하고 비난하고 경멸하고 자기를 방어하며 욕설과 화를 내는 상태에 이르면 나중에는 서로가 헤어질 확률이 많다. 이것은 말처럼 쉽지 않다. 왜냐하면 분노를 조절하려고 해도 절제의 힘이 없는 사람에게는 어렵기 때문이다. 그리스도인이라면 기도와 말씀으로 치유하는 방법이 있다.

에머슨은 "화를 내지 마라. 화를 내고 있는 1분마다 그대는 60초간의 행복을 잃는다."고 했다. 상대방에게 화를 내면 상대방뿐만 아니라 나에게도 좋은 일이 하나도 없다. 화가 풀리면 인생도 풀리지만 화를 다스리지 못하면 인생도 다스리기 어렵다.

분노를 다스리는 핵심은 화를 낼 수밖에 없는 인간에 대한 이해에 달려 있다. 인간은 모두 죄인임을 인정하고 서로 불쌍히 여기며 원수를 위해 기도하는 자세가 필요하다. 나의 모습을 객관적으로 보는 기회라 생각하고 잠시 시야를 돌려 상대방의 입장에서 바라보면 이해가 어느 정도 된다. 그리고 화가 날 수밖에 없는 이유 등을 생각해 보고 그것을 배려한다면 화가 많이 가라앉게 된다. 그러나 나의 입장만 생각하면 화가 좀처럼 안 풀린다.

수없이 분노할 수밖에 없는 인간을 위해 하나님께서는 예수님을 보내시어 우리를 위해 죽게 하셨다. 이것을 생각하면 분노가 절제가 된다. 하나님을 생각하면서 참으라. 토마스 제퍼슨은 "화가 치밀어 오르거든 마음속으로 열을 세라. 열까지 세도 화가 가라앉지 않으면 백까지 세라."고 했다. 숫자를 세면서 잠시 멈추는 것은 화를 참는데 도움이 된다. 하지만 숫자만 세어서는 안 된다. "주님이라면 어떻게 하셨을까?"를 생각하면서 참고 참으면 어느 순간에 화가 풀리게 될 것이다.

"분을 쉽게 내는 자는 다툼을 일으켜도 노하기를 더디 하는 자는 시비를 그치게 하느니라"(잠 15:18)

"노하기를 더디 하는 자는 용사보다 낫고 자기의 마음을 다스리는 자는 성을 빼앗는 자보다 나으니라"(잠 16:32)

# 8 악한 것을 생각하지 마라

그리스도인은 한마디로 정의하면 착한 사람이다. 인간관계는 착한 사람이 승리한다. 아무리 세상이 악하다 할지라도 진실이 결국은 승리한다. 그것은 하나님이 계시기 때문이다. 만약 하나님이 안 계신다면 악이 승리할 것이다. 그러나 하나님의 계심을 믿는다면 선이 악을 이기는 것은 너무나 분명하다.

이런 점에서 그리스도인들은 어떤 경우라도 악에 속하면 안 된다. 선으로 악을 이겨야지 악을 악으로 대하면 안 된다. 이것이 그리스도인이 믿는 삶이요 원칙이다. 우리는 어떤 경우에도 이 원칙을 갖고 삶을 살아가야 한다.

세상은 선한 방법보다 악한 방법이 많다. 악한 방법들은 일시적으로는 성공한 것처럼 보인다. 그래서 많은 사람들은 이것에 유혹당한다. 뻔히 잘못된 일인 줄 알면서 악한 방법을 사용하여 돈을 벌거나 사람과 관계를 맺는다. 당장의 이익을 위해서다. 사업이나 장사를 할 때 다른 사람에게 해를 끼치는 방법을 사용하면 패망한다. 이것은 만고불변의 진리임에도 실제로 사람들이 이 방법을 잘 적용하지 못한다. 그 이유는 인간의 마음에 죄악이 가득하기 때문이다. 인간이 그렇게 한다기보다는 인간 안에 있는 죄가 그렇게 만드는 것이다.

인간은 죄의 종 역할을 한다. 사람이 죄를 짓는 순간에는 누가 죄를 짓게 하는지 그 정체를 알지 못한다. 자기도 속아 스스로 죄를 느끼지 못하는 것이다. 우리가 이것에 속으면 안 되는데 대부분 속는다.

> "내가 원하는 바 선은 행하지 아니하고 도리어 원하지 아니하는 바 악을 행하는도다 만일 내가 원하지 아니하는 그것을 하면 이를 행하는 자는 내가 아니요 내 속에 거하는 죄니라"(롬 7:19-20)

왜 죄는 우리로 하여금 자꾸 죄를 짓게 할까? 선보다는 악한 것을 더 생각하게 할까? 다른 사람과의 관계를 파괴하며 결국은 모두를 힘들게 하는 이유는 무엇일까? 그것은 모두를 사망에 이르게 하기 위함이다. 죄의 값은 사망이다. 무서운 전략이다. 인간관계를 파괴하는 범인은 나도, 상대방도 아니다. 죄가 그렇게 만드는 것이다. 죄는 선을 생각하지 않고 오직 악한 것만 생각한다.

우리는 이런 계략에 빠지면 안 된다. 그러므로 인간관계를 단순히 인간적인 관점에서만 보면 해결이 어렵다. 오히려 서로가 함정에 빠질 위험이 있다. 이것을 이기기 위해서는 나와 너의 문제로만 생각하면 안 되고, 그것을 뒤에서 조정하는 죄를 영적으로 볼 수 있어야 한다. 상대방을 이간질하고 비방하고 험담하여 결국은 모두에게 상처를 입힘으로 멸망에 이르게 하는 사단의 전략이다. 우리는 이것에 미혹되면 안 된다.

  인간관계를 잘하는 방법은 오직 선을 생각하고 상대방에게 해를 끼치는 일을 하면 안 된다. 이 원칙을 지키면 그 사람은 진정한 인간관계를 이룰 수 있다. 악을 행하는 것은 사랑이 아니다. 그것은 인간관계를 파괴하는 암이다. 문제는 선을 행하는 것을 모두가 알고 있지만 현실적으로 이것이 어렵다는 데 갈등이 있다.

  악을 행한 사람을 보면 당시는 무엇에 지배 당해서 그런 악한 일을 저질렀지만 나중에 돌아서면 죽고 싶을 정도로 후회를 한다. 그런 모습을 보면 죄를 지은 행동은 죽도록 밉지만 그 역시 불쌍하다는 생각이 든다. 그것은 진정 자신이 했다기 보다는 무언가 홀려서 그렇게 된 것이다. 피해를 받은 상대방도 피해자이지만 상대방에게 악을 행하는 사람도 역시 피해자이다.

  우리는 범죄를 말할 때 피의자와 가해자를 구분하여 말한다. 그래서 가해자만 죄인으로 취급을 하면서 처벌의 수위를 높인다. 그러나 영적으로 보면 둘다 피해자이다. 나중에 가해자가 결국은 더 큰 피해자가 될 수 있다. 왜냐하면 잘못을 행함으로 인생이 파멸에 이르게 된 것은 사단에게 정복 당한 것이기 때문이다. 사단의 하수인이 된 것을 생각하면 가해자 역시 불쌍하다.

  그런 이유로 가해자를 미워하면 안 된다. 그도 피해자이기 때문이다. 그런데 사람들은 이것을 잘 알지 못한다. 그리고 나타난 것만 보다 보면 상대방(가해자)을 미워함으로 피해자 역시 더 큰 죄에 빠져든다. 결과적으로 아무도 승자가 없이 모두가 공멸하게 되는 것이다.

성경은 이런 영적인 숨겨진 부분을 분명하게 드러내어 우리에게 그것에 빠지지 않도록 권면하고 있다. 이런 비밀을 아는 그리스도인은 끝까지 선을 행해야 한다. 혹시라도 선을 위해 악을 행하자는 이야기를 하면 안 된다. 그것을 정당화하는 것을 경계해야 한다. 그것이 곧 사단이 노리는 함정이다.

세상 사람들의 인간관계는 이런 원칙이 많다. '죄는 미워해도 사람은 미워하지 말라'는 말은 이런 것을 염두에 둔 것이라 볼 수 있다. 죄에 미혹된 그 사람에게 자비를 베풀어 다시는 죄를 범하지 않게 하는 것이 하나님의 뜻이다. 어떤 이유에서든지 상대방을 미워하면 안 된다. 설사 나에게 피해를 준 원수라 할지라도 그를 미워하면, 또 다른 죄에 내가 걸려드는 것이다. 이렇게 되면 인간관계는 최악으로 치닫게 된다. 이것은 우리가 자칫 범하기 쉬운 정말 조심해야 하는 부분이다.

이런 점에서 바울은 로마서에서 악을 행하는 인간들에 대한 인간관계 비결을 가르쳐 주고 있다. 이 구절을 암송하며 마음에 새기고 실천할 수 있다면 좋은 인간관계를 이룰 수 있을 것이다. 이것은 많은 사람들이 가장 많이 실패하는 인간관계 부분으로 우리에게 가장 부족한 내용이다.

> "너희를 박해하는 자를 축복하라 축복하고 저주하지 말라 즐거워하는 자들과 함께 즐거워하고 우는 자들과 함께 울라 서로 마음을 같이하며 높은 데 마음을 두지 말고 도리어 낮은 데 처하며 스스로 지혜 있는 체하지 말라 아무에게도 악을 악으로 갚지 말고 모든 사람 앞에서 선한 일을 도모하라 할 수 있거든 너희로서는 모든 사람과 더불어 화목하라 내 사랑하는 자들아 너희가 친히 원수를 갚지 말고 하나님의 진노하심에 맡기라 기록되었으되 원수 갚는 것이 내게 있으니 내가 갚으리라고 주께서 말씀하시니라 네 원수가 주리거든 먹이고 목마르거든 마시게 하라 그리함으로 네가 숯불을 그 머리에 쌓아 놓으리라 악에게 지지 말고 선으로 악을 이기라"(롬 12:14-21)

# 9 불의를 기뻐하지 않고
진리와 함께 기뻐하라

좋은 인간관계를 갖는 비결은 적극적으로 진리를 기뻐하며 사는 일이다. 진리보다 사람을 의지하고 사람의 관계만 집중하면 그것이 욕심으로 변하여 이웃을 죽이는 흉기가 된다. 처음에는 친구로 다가와서 좋은 인간관계를 맺고 있다가 어느 날 사기꾼처럼 피해를 주고 달아나는 사람들이 있다. 대부분 사기를 당하는 사람들은 이런 것을 분별하지 못해서이다.

사단은 나중에 마귀가 되는 것이 아닌 처음부터 사단이다. 무슨 일인가? 인간관계를 빌미로 악한 동기를 갖고 접근하면 그것을 분별하기 어렵다. 그렇게 당한 사람들이 수없이 많다. 이렇게 인간관계를 하면 실패하게 된다. 지금 인간관계가 좋게 유지된다고 그것이 늘 좋은 것은 아니다. 언제 돌변할지 모르는 것이 또한 인간관계다.

사람에게 욕심이 들어가면 수십 년 친구라도 배반하게 된다. 인간은 늘 자기중심적인 죄악이 들어 있는 한 이것이 달라지지 않는다. 가끔 믿을 사람이 없다고 말한다. 너무 사람을 믿으면 안 된다고 말하는 것은 바로 이를 두고 한 말이다.

　사람의 관계는 어느 날 돌변할 수 있다. 부부, 친구, 부모와 자녀, 이웃, 동업자 등의 다양한 관계에서는 늘 이런 일이 일어날 수 있다. 인간은 악한 동기와 욕심이 들어와 마음을 사로잡으면 한순간에 동물로 변한다. 그래서 너무 사람에 의존하면 안 된다. 사람은 완전하지 않고 늘 불완전한 존재이기 때문이다.

　어떤 사람은 인간관계를 말할 때, 많은 사람을 사귀고 내 편으로 만드는 인맥 형성과 같은 것으로 생각한다. 이것은 진정한 인간관계가 아니다. 세상의 인간관계는 이런 것을 전제하고 있지만 그리스도인의 인간관계는 사람과 만나는 그 이상의 의미가 있다.

　생각해 보자. 나는 많은 사람들과 관계를 만들어서 무엇을 하려고 하는가? 혹시 나의 사업과 꿈을 이루는데 도움을 얻기 위해서는 아닌가? 많은 인맥을 형성하는 것이 나중에 선거에 유리한 고지를 얻기 위함은 아닌가?

　조직을 관리하는 것과 같은 인간관계는 세상에서는 통한다. 하지만 그리스도인은 그런 인간관계와 차별을 두어야 한다. 그리스도인의 인간관계의 목적은 진리에 있다. 진리를 위한 만남이어야 하고 그것을 이루는 것이어야 한다. 먼저 하나님의 나라와 의를 이루는 만남이 될 때 진정한 인간관계가 된다. 그래야 실족하지 않고 영원한 만남이 된다.

가장 좋은 인간관계는 진리와 함께 기뻐하는 그런 만남이다. 부부가 만나는 것이 단순히 외롭고 쓸쓸해서 만나는 것이라면 문제가 생긴다. 그런 정도의 채움은 늘 변할 수 있으며, 욕구가 채워지지 않으면 지속되기 어렵다. 친구를 단순히 대화 상대로서 만난다면 그것 역시 불안하기는 마찬가지이다.

그리스도인은 진리를 따라 사는 사람이다. 그것이 인간관계의 목표가 되어야 한다. 그렇지 않으면 불의와 함께하는 인간관계가 될 수 있다. 폭력과 이권을 위해 끈끈하게 연결된 조직은 사회를 파괴한다. 특히 조직폭력배들은 의리가 매우 강하다. 그런 인간관계는 진리와 거리가 있기에 아무리 좋은 인간관계를 맺는다 해도 의미가 없다. 자기의 욕망을 이루기 위해 공생하는 인간관계는 나중에는 허망하게 사라진다.

그리스도인의 인간관계는 진리를 기뻐하고 그것과 함께하는 모임과 사이가 되어야 한다. 진리가 인간을 맺어 주면 부족한 인간의 결점이 그렇게 문제가 안 된다. 그러나 인간과 인간과의 만남이 되면 사단의 유혹에 넘어갈 수 있다.

이제부터는 진리와 함께 기뻐할 수 있는 그런 인간과 만남이 되도록 노력하자. 그런 만남을 이루어간다면 즐거움이 배가 될 것이다. 가면 갈수록 만남이 깊어지고 행복한 관계가 될 것이다. 그러나 진리에 관심이 없이 그냥 인간적인 즐거움과 유익을 위해서 만난다면 그것처럼 허무한 관계는 없다. 결국 모든 것은 다 사라진다. 남는 것은 오직 영원한 말씀인 진리밖에 없다.

나는 어떤 인간관계를 꿈꾸고 있는가? 이런 점에서 진리의 터전인 교회 속에서 만남은 아주 중요하고 가치가 있다. 이런 관계는 가면 갈수록 우리를 행복하게 해 주는 만남이 될 것이다. 인간을 즐겁게 해 주는 것은 궁극적으로 인간이 아닌 진리에 있음을 기억하자.

> "모든 육체는 풀과 같고 그 모든 영광은 풀의 꽃과 같으니 풀은 마르고 꽃은 떨어지되 오직 주의 말씀은 세세토록 있도다"(벧전 1:24-25)

# 10 항상 믿어라

인간관계를 잘하려면 서로를 믿어야 한다. 믿음이 쌓이면 인간관계가 점점 좋아진다. 사람이 계속 만나는 것은 신뢰를 쌓기 위해서이다. 신뢰는 단번에 이루어지는 것이 아닌 오랜 시간을 통해서 만들어진다.

인간관계가 힘든 것은 서로를 믿지 못하기 때문이다. 상대방에게 불신이 생기면 인간관계는 금이 간다. 불신하게 되는 이유는 여러 가지가 있다. 정직하지 못하거나 불성실하거나 악한 마음을 갖고 있으면 신뢰가 힘들다. 신뢰감은 약속을 잘 지키는데서 생긴다.

인간관계는 한마디로 약속이다. 약속을 위반하면 인간관계는 깨진다. 인간관계는 약속에 근거해서 이루어진다. 인간이 살아가는 것을 보면 모두가 약속에 따라 움직인다. 집을 나서는 사람은 모두가 약속에 따라 움직인다. 친구와의 약속, 직장 동료와의 약속, 다른 사람과의 약속 등 모두 약속에 의해 하루가 진행되고 마친다. 설사 혼자 산책을 한다 해도 그것 역시 자신과의 약속을 지키는 것이다. 약속에 따라 사람을 만나고 헤어진다. 이렇게 보면 인간의 삶은 모두 약속에 의해 이루어짐을 알 수 있다.

약속에 따라 누구를 만나러 갔는데 아무 연락도 없이 만나지 못하고 그냥 집에 돌아온 경험을 누구나 한두 번은 했을 것이다. 그때의 허탈함은 이루 말 할 수 없다. 어떤 때는 화가 치민다. 어떤 사람에게 호감이 가는가? 그것은 약속을 잘 이행하는 사람이다. 약속을 수시로 어기는 사람은 신뢰감 없고 그 사람과 더 이상 교제가 이루어지지 않는다. 물론 살다 보면 약속을 불가피하게 어길 때가 있다. 그때마다 듣는 말이 여러 가지 이유와 변명이다. 나름대로 이유가 있지만 약속보다 더 중요한 것은 없다.

약속은 사람과 사람의 관계를 이어주는 끈이다. 우리는 상대방을 무엇을 보고 믿는가? 그가 한 약속이다. 그런데 그 약속이 깨지면 상대방에 대해서 신뢰감이 가지 않는다. 약속이 공수표처럼 남발되는 경우가 있다. 이렇게 되면 인간관계를 유지하기 어렵다.

결혼에서 가장 중요한 것이 무엇인가? 서약하는 시간이다. 결혼은 서로 '사랑합니다'라는 말을 믿고 하나 되는 것이다. 그런데 사랑의 신뢰가 깨지면 결혼은 지속하기 힘들다. 부부가 평생 동안 오직 한 사람만 사랑하며 살겠다는 약속을 지키는 것이 쉽지 않다. 요즈음 부부들의 이혼이 점점 많아지는 것을 보면 말이다.

에머슨은 " 누구나 약속하기는 쉽다. 그러나 그 약속을 이행하기란 쉬운 일이 아니다."라고 말했다. 약속을 지키다 보면 생명까지 담보해야 할 상황이 생길 수도 있다. 약속을 잘 이행하는 방법은 지킬 수 없는 약속을 함부로 하지 않는 것이다.

그런데 우리 주변에는 약속을 쉽게 하고, 또 약속을 쉽게 파기하는 사람들이 많다. 약속 때문에 울고 웃는 사람들이 너무나 많다는 이야기다. 상처를 입은 사람들, 배신을 당한 사람들, 사기를 당한 사람들을 보면 모두 약속을 믿다가 낭패를 본 사람들이다. 약속 하나만 잘 지켜도 신뢰하는 사회가 될 것이다. 자신과의 약속을 어기는 사람은 남과도 약속을 쉽게 저버린다. 남과 약속을 잘 지키기 위해서는 자신과의 약속부터 성실히 지키는 것이 우선이다.

약속을 잘 지키는 사람은 호감이 간다. 그 사람에 대한 신뢰감이 생긴다. 자연히 그런 사람 주변에는 사람들이 따르게 된다. 특히 사업을 할 경우에 고객과 동업자들과의 약속은 생명과도 같다. 약속을 어기면 모든 관계가 깨지면서 한순간에 패망한다. 반면에 약속을 잘 지키면 생각지 않은 행운과 성공이 찾아온다. 이것이 인간관계의 중요한 원리이다. 좋은 사람, 좋은 회사, 좋은 나라는 약속을 잘 지키는데서 이루어진다.

"약속 잘 지켰다고 100억 사례비! 현대중공업 엑손모빌로부터 1천만 달러 보너스 받다." 일간지 신문기사에 나온 내용이다. 자세한 내용은 이렇다. 현대중공업은 8억 달러에 수주한 부유식 원유 생산 저장설비(FPSO)를 납기일보다 2개월이나 앞당겨 납품했다. 그러자 발주사인 엑손모빌은 공기를 단축하면서도 완벽한 품질을 유지해줘 고맙다며 이에 대한 보답으로 무려 1천만 달러에 이르는 거금의 사례금을 보내왔다. 약속을 잘 지키는 것은 100억 이상의 가치가 있다는 말이다.

그런데도 사람들은 왜 약속을 잘 어기는가? 그것은 처음에 지키지 못할 약속을 남발해서이다. 인간의 욕심이 들어갔기 때문이다. 그런 약속은 처음부터 깨질 약속이다. 대부분 지키지도 못할 약속을 일시적인 유익을 위해서 공약하는 경우가 많다. 공동의 유익보다 자기만의 유익을 생각할 경우에 약속은 지키기 어렵게 된다.

정치인이 선거에 이기기 위해서 공약을 남발하는 것은 늘 보는 이야기이다. 약속을 남발하는 사람은 일단 약속을 지키기 어렵다고 보면 된다. 약속을 쉽게 하지 않는 사람은 그 실천에는 가장 충실하다.

니체는 "사람은 자기가 한 약속을 지킬만한 좋은 기억력을 가져야 한다."고 했다. 약속을 어기는 사람들이 자주 사용하는 말이 있다. "잘 기억이 나지 않는데요. 내가 그런 약속을 했던 가요." 그래서 공증을 하고 계약서를 작성하지만 그것 역시 지키지 않으면 별 소용이 없다. 약속을 지키게 하기 위해 계약서에는 손해배상을 함께 제시한다.

성경은 '약속의 책'이다. 구약의 책은 모두 약속이다. 신약은 약속이 실천된 책이다. 이렇게 보면 성경은 약속으로 가득 찬 실제적인 내용이다. 하나님께서는 약속을 지키시는 분이시다. 한 번 한 약속은 끝까지 지킨다. 예수님을 세상에 보내셔서 십자가에 죽게 하신 것은 하나님의 약속을 성취하기 위함이다. 약속이 무너지면 모든 관계는 다 무너진다.

그리스도인은 약속을 먹고 사는 사람이다. 그리스도인이 세상과 다른 점은 약속을 잘 지키는 데 있다. 이것이 무너지면 신앙은 타락한다고 보면 된다. 자기가 한 약속은 생명을 걸고 지켜야 한다. 그런 마음으로 인간관계를 한다면 누구나 성공할 것이다. 인간관계는 약속으로 시작해서 약속으로 마무리 한다. 마지막에 남는 것은 약속이 남는다. 마치 세상의 마지막에 하나님의 말씀이 남듯이……

언젠가 유대인 사업가의 이야기를 지인으로부터 들은 적이 있다. 유대인은 시간 약속에 철저함으로 사업을 위해서 시간 약속을 할 때 정시에 나오지 않으면 그냥 미련 없이 가버린다는 이야기를 들었다. 우리에게는 황당한 일이지만 그들은 그만큼 시간 약속에 대해 엄격하고 약속을 지키지 못하는 사람과는 사업을 할 필요가 없다고 생각하고 있는 것이다. 정말 다른 사람에게 호감을 받는 사람이 되고 싶은가? 그러면 작은 약속이라도 철저하게 지키는 사람이 되어야 할 것이다. 그래야 상대방이 나를 신뢰하게 될 것이니까.

# 11 항상 바라라

미국의 흑인 인권운동가 마틴 루터 킹 목사는 암살당하기 바로 전날인 1968년 4월 3일, 테네시 주 멤피스에 있는 메이슨 성전에서 생애 마지막 설교를 했다. 마치 자기에게 다가올 죽음을 알고 있는 듯한 내용이다. 그 내용은 믿음을 행동으로 옮기는 것과 천국의 소망에 대해 역설했다. 다음은 설교의 마지막 부분이다.

"과거 우리는 어렵고 힘든 시간을 보냈습니다. 하지만 그런 과거는 전혀 중요하지 않습니다. 지금 나는 산 정상에 올랐기 때문입니다. 물론 나도 여느 사람들처럼 오래 살고 싶습니다. 하지만 오래 사는 것은 내 몫이 아닌 것 같습니다. 하여튼 지금 나는 거기에 관심이 없고, 하나님의 뜻대로 순종하고 싶을 뿐입니다. 그분은 내가 산을 오르도록 하셨습니다. 그리고 나는 저 멀리 약속의 땅을 내려다보았습니다. 아마 나는 여러분과 함께 그 땅에 들어가지 못할지도 모릅니다. 하지만 우리가 한 백성으로서 약속의 땅에 들어갈 것임을 여러분이 이 밤에 확신할 수 있기를 간절히 바랍니다. 오늘 밤 나는 무척 행복합니다. 아무것도 염려하지 않습니다. 그 누구도 나를 두렵게 하지 못합니다. 나의 눈이 다시 오시는 주님의 영광스러운 모습을 보았기 때문입니다."

사람이 살면서 꼭 간직해야 할 것 하나를 들라면 그것은 소망이다. 소망은 희망이요 그것은 꿈이다. 세상의 꿈과 소망은 죽는 순간 사라진다. 하지만 그리스도인의 꿈과 소망은 죽음 이후에도 계속되는 것이다. 그리스도인은 죽어도 죽지 않고 영원히 사는 소망을 가진 사람이다. 그것이 세상 사람과 다른 점이다.

우리가 바라는 것은 이 세상이 아닌 하나님의 나라에 있다. 이것을 믿는 사람은 항상 소망을 갖고 산다. 아무리 힘들어도 포기하지 않는다. 왜 소망이 우리에게 중요한가? 그것은 지금보다 더 나은 세상을 바라보는 근원이 되기 때문이다. 소망을 가진 사람은 지금 가진 것에 연연하지 않는다. 그렇다고 없는 것에 안달하지도 않는다. 있으나 없으나 그것은 그에게 그렇게 중요하지 않다. 왜냐하면 죽어도 영원히 사는 부활의 소망이 있기 때문이다.

소망을 가진 사람과 안 가진 사람은 근본적으로 삶의 차이가 있다. 소망을 가진 사람은 현실적인 문제 때문에 자포자기하지 않는다. 설사 이 세상에서 성공하지 못하고 삶을 마친다 해도 슬퍼하지 않는다. 그리고 죽는 순간까지 소망을 갖고 산다. 왜냐하면 그에게는 천국의 소망이 있기 때문이다. 이런 소망으로 산 대표적인 사람이 사도 바울이다. 그가 고백한 내용을 들어보면 그가 얼마나 소망 가운데 살아갔는지 알 수 있다.

> "무명한 자 같으나 유명한 자요 죽은 자 같으나 보라 우리가 살아 있고 징계를 받는 자 같으나 죽임을 당하지 아니하고 근심하는 자 같으나 항상 기뻐하고 가난한 자 같으나 많은 사람을 부요하게 하고 아무 것도 없는 자 같으나 모든 것을 가진 자로다"(고후 6:9-10)

이것을 보면 얼마나 소망이 우리에게 중요한 지를 보여준다. 항상 천국을 바라보는 자는 인간관계가 좋다. 양보하고 손해 보고 포기하고 나누는 일이 그리 어렵지 않다. 물론 욕심에서도 벗어날 수 있다. 항상 소망을 가지고 사는 사람은 사람과의 관계가 좋다. 갈등이 생겨도 그것으로 인하여 다투거나 원망하지 않는다. 그것에 시간을 보내고 마음 아파하지 않는다. 다툼과 시기와 욕심과 미움에 사로잡힌 사람은 소망이 없는 사람에게서 나타나는 현상이다. 항상 천국을 바라보기 보다는 어쩌다 가끔 천국을 사모하기에 그런 현상이 일어난다. 천국의 소망을 이미 가진 자는 이 세상에서 살아가는 것이 언제나 긍정적이고 적극적이다.

누구를 만나든지, 어떤 환경에 처하든지 소망을 갖고 사는 사람은 살아가는 자세가 다르다. 소망을 갖느냐 안 갖느냐는 하늘과 땅 차이다. 우리는 항상 소망을 갖고 살아야 한다. 하늘의 소망을 갖고 이 세상을 살아간다면 더욱 힘이 날 것이다. 힘든 상황을 극복할 수 있는 길은 오직 하나이다. 소망을 품고 그것을 항상 바라보고 사는 것이다.

1947년 전보 배달원으로 일하고 있던 12살 난 한 소년이 있었다. 어느 날 땀 흘리며 전보 배달을 하던 소년은 전보를 받은 사람이 조용히 자기의 어깨를 토닥이며 "아주 총명하게 생겼구나. 지금은 몇 사람에게 소식을 전하지만 언젠가는 많은 사람에게 희망을 전하는 인물이 될 것이다." 하는 소망의 소리를 들었다. 이 소리를 듣는 순간 소년은 갑자기 미래의 비전이 떠올랐고 이전에 느끼지 못했던 인생의 확신을 가지게 되었다. 그는 다짐했다. '그래 지금은 내가 작은 배달부지만 앞으로는 많은 사람에게 희망을 주는 사람으로 자랄 거야.' 바로 그 소년이 미국의 강철 왕이요 대부호인 카네기였다. 희망을 품고 산 것이 그의 인생을 크게 만들었다.

소망을 가진 사람을 만나면 이웃이 더불어 행복하다. 인간관계를 잘하려면 언제나 소망 가운데에 살아야 한다. 그를 만나면 늘 소망에 가득 차 있고 말과 행동이 희망을 심어주는 사람이 된다면 이미 그것만으로도 성공한 사람이다. 소망 가운데 사는 사람은 삶의 태도가 다르다. 긍정적이고 밝고 쾌활하다. 그리고 상대방을 볼 때도 늘 긍정적이다. 격려하고 힘을 불어넣는다. 약점보다는 강점에 집중하고 그것을 칭찬한다. 자기에게 한 것처럼 다른 사람에게도 그렇게 한다. 너무 인생의 결론을 빨리 내지 마라. 인생의 죽음 직전까지도 소망을 포기하지 말고 살아간다면 주변 사람들이 호감을 갖게 될 것이다.

언젠가 텔레비전에 출연한 한국의 스티븐 호킹이라고 불리는 이

상묵 교수의 이야기를 들은 적이 있다. 『0.1그램의 희망』이라는 책을 집필하여 사람들에게 희망을 주고 있는 사람이다. 그는 해양학자가 되는 꿈을 품고 서울대학교와 MIT를 나와 세계적인 해양학자가 되었다. 그런데 뜻하지 않게 미국 캘리포니아 주 카리조플레인 국립공원에서 지질조사를 하던 중 그만 자동차 전복 사고를 당하고 말았다. 그는 한창 일할 45세 나이에 사고로 목 아래가 완전히 마비되었고, 함께 차에 있던 제자 5명 중 한 제자가 현장에서 숨졌다.

그는 목숨은 건졌지만 손가락 하나 움직일 수 없는 처지가 되고 말았다. 젊은 나이에 세상을 떠난 제자를 생각하면 마음이 더 괴로웠다. 그러나 그는 장애를 극복하고 6개월 만에 일상생활로 복귀했다. 그는 "할 수 없는 일에 매달리고 집착하기보다는 할 수 있는 일에 집중하는 것이 더욱 중요하다."고 말하면서. "나에게 닥친 사고를 불운의 시작이라고 보지 않고, 몰랐던 다른 세계를 볼 수 있는 새로운 인생 방향의 전환이다."라고 말했다.

혹시 나는 매사를 부정적으로 보지 않는가? 사람과의 관계에서 부정적인 사람은 꿈과 소망이 없는 사람이다. 내가 만나는 상대방이 소망이 없어 보인다고 생각하지 말라. 그것은 지금 그렇게 보일 뿐이다. 언제나 사람을 대할 때 현재보다 미래를 바라보면 누구도 함부로 대하지 않을 것이다. 보이는 소망만 바라면 그것은 진정한 소망이 아니다. 보이지 않는 먼 미래와 죽음 이후의 영원한 미래까지 보면서 오늘을 받아들이면 모두가 소중하고 버릴 것이 없다. 진정한 꿈은 꿈꿀 수 없는 상황에서 꾸는 것이다.

"우리가 소망으로 구원을 얻었으매 보이는 소망이 소망이 아니니 보는 것을 누가 바라리요"(롬 8:24)

# 12 모든 것을 견뎌라

윈스턴 처칠은 영국의 수상 자리에서 물러난 뒤, 옥스퍼드 대학 졸업식에 연사로 초청을 받았다. 사회에 첫발을 디디게 되는 졸업생들은 '처칠이 무슨 말을 할까?' 하는 생각으로 잔뜩 기대에 차 있었다. 왜냐하면 처칠은 세계적인 정치가였을 뿐만 아니라 영국 국민의 자랑이었기 때문이다. 처칠은 자신을 향해 두 눈과 귀를 집중하고 있는 졸업생들을 향해 천천히 입을 열었다.

"절대로 포기하지 말라! 절대로 포기하지 말라! 절대로 포기하지 말라!"

이렇게 단 한마디를 한 뒤, 처칠은 더 이상 말하지 않았다. 영국의 석학들이 모인 옥스포드 졸업생들에게 처칠이 해 줄 수 있는 말은 오직 이 말뿐이었던 것이다. 그것은 처칠이 그동안 정치를 하면서 가장 뼈저리게 느낀 체험에서 나온 진리였기 때문이다.

세상의 모든 일은 쉽게 이루어지는 법이 없다. 특히 의미 있는 일을 할 때는 언제나 어려움이 있게 마련이다. 이것을 이상하게 생각하지 말아야 한다. 세상 일도 그런데 하나님의 일은 오죽하랴. 힘든 것은 당연한 것이다. 오히려 쉽게 이루어지는 것이 문제다.

베드로 사도는 당시 고난을 당하는 초대 교인들에게 '불 시험' 당하는 것을 이상하게 여기지 말라 했다. 환란 중에서도 오히려 기뻐하며 끝까지 잘 견디라고 권면했다. 특히 주님 때문에 당하는 어려움이면 그것을 기쁘게 여기고 잘 견디면 복이 임한다고 했다.

"사랑하는 자들아 너희를 연단하려고 오는 불 시험을 이상한 일 당하는 것 같이 이상히 여기지 말고 오히려 너희가 그리스도의 고난에 참여하는 것으로 즐거워하라 이는 그의 영광을 나타내실 때에 너희로 즐거워하고 기뻐하게 하려 함이라 너희가 그리스도의 이름으로 치욕을 당하면 복 있는 자로다 영광의 영 곧 하나님의 영이 너희 위에 계심이라" (벧전 4:12-14)

야고보도 베드로처럼 흩어져 있는 교인들에게 같은 권면을 했다.

"내 형제들아 너희가 여러 가지 시험을 당하거든 온전히 기쁘게 여기라 이는 너희 믿음의 시련이 인내를 만들어 내는 줄 너희가 앎이라 인내를 온전히 이루라 이는 너희로 온전하고 구비하여 조금도 부족함이 없게 하려 함이라" (약 1:2-4)

이것은 일뿐 아니라 인간관계에서도 그대로 적용된다. 살다 보면 우리를 너무나 힘들게 하는 사람을 만날 때가 있다. 이때마다 우리는 그만 관계를 포기하고 싶을 때가 생긴다. 인간관계에서 가장 안 좋은 방법은 쉽게 포기하고 헤어지는 것이다.

포기하지 않고 끝까지 견디면 결국은 이루어진다는 사실을 믿으라. 세상에 불가능은 없다. 무엇이든지 믿음을 갖고 끝까지 하면 해낼 수 있다. 하지만 그것이 쉽지 않다. 왜 견디기 어려울까? 그것은 사람을 의지하거나 자신을 의지하기 때문이다. 그것은 우리로 하여금 오히려 힘을 빠지게 할 수 있다.

하나님을 믿고 의지하면 끝까지 견딜 수 있다. 승리는 끝까지 포기하지 않고 도전하는 자에게 주어진다. 이렇게 보면 인생은 견디는 것이다. 인간관계도 견디는 것이다. 도저히 변하지 않을 것 같은 사람도 끝까지 견디면서 지속적으로 관계를 갖다 보면 변할 날이 반드시 온다.

인생을 살다 보면 좌절을 겪을 때가 있다. 그럼에도 우리가 한 가지 명심할 것은 결코, 포기하지 말고 견디는 것이다. 비관론자는 매번 기회가 찾아와도 고난을 보지만 낙관론자는 매번 고난이 찾아와도 그 안에서 기회를 본다.

한 번은 미국 뉴저지에 있는 발명왕 토마스 에디슨의 실험실에 큰 화재가 발생했다. 이 사고로 수백만 달러 이상의 값이 나가는 실험 도구들과 에디슨이 일생을 바쳐 기록한 실험 일지들이 불타고 말았다. 다음날 아침 에디슨은 자신의 모든 꿈과 희망이 잿더미로 변한 실험실을 보며 다음과 같이 말했다. "재앙이 반드시 나쁜 건 아니군. 내 모든 실수를 한꺼번에 다 가져가 버렸으니 말이야. 이 나이에 다시 시작할 수 있게 해 주시니, 하나님께 얼마나 감사한지……." 그리고 그는 다시 연구를 시작했다. 당시 에디슨의 나이는 예순 일곱이었다. 인간의 위대함은 일곱 번 넘어져도 다시 일어서는 데 있다.

> "대저 의인은 일곱 번 넘어질지라도 다시 일어나려니와 악인은 재앙으로 말미암아 엎드러지느니라"(잠 24:16)

인간관계가 힘든 사람이 있다면 이 말을 명심하자. 끝까지 참고 견디고 바라면 결국은 좋은 일이 온다. 중요한 것은 누군가 이기도록 격려하는 것이 필요하다. 인간은 혼자서 견디기 어렵다. 그래서 혼자 있으면 견디지 못하고 자살을 한다. 그러나 누군가 곁에서 위로해 주고 격려해 주면 다시 일어설 수 있다.

좋은 인간관계의 모습은 서로를 세워주는 격려에 있다. 인간은 약하다. 서로 격려를 받고 살아간다. 누구든지 격려를 받고 싶어 한다. 부부가 결혼하는 것은 서로에게 격려를 받고 격려하기 위해서다.

성경에 보면 바나바는 위로하는 자였다. 착한 성품을 가진 바나바는(행 11:24) 사람들을 격려하고 위로했다. 바울보다 앞선 사람이었지만 그는 바울을 세우면서 훌륭한 사역자로 키워냈다. 우리 주변에 위로를 받아야 할 사람이 많다.

주님은 우리를 위로하신다. 위로자 되신 주님을 생각하면 우리는 늘 힘을 얻는다. 격려는 강점을 찾아 좋은 점을 칭찬하고 인정해 주면 된다. 현재는 마땅히 없더라도 앞으로 나타날 잠재력을 찾아 그것을 격려하면 된다. 잘 견딜 수 있도록 이웃을 격려하는 방법은 다양하다. 말을 통해서 아니면 편지와 문자 등을 통해서 할 수 있다. 한 마디 격려는 기적을 일으킨다.

한 마디 격려의 편지로 역사를 바꾼 웨슬리가 윌리엄 월버포스에게 보낸 편지 이야기는 우리에게 감동을 준다.

당시 국회의원이었던 윌리암 월버포스는 수년 동안 영국의회에 노예제도 폐지안을 건의했다. 그러나 아무런 성과가 나타나지 않았다. 그래서 어느 날 그만 두려고 했다. 그때 그의 친구였던 요한 웨슬리가 이 소식을 듣고 임종의 침대에 누워서 떨리는 손으로 편지를 썼다

"하나님께서 너를 이 일에 사용하려고 하신 것이 아니었다면 너는 벌써 사람들과 악마들에 의해 지쳤을 것이다. 하지만 하나님께서 너와 함께 계심으로 누가 너를 해칠 수 있겠는가? 그중 하나님보다 센 자가 누가 있겠는가? 오, 선한 일을 하면서 낙심하지 말라! 하나님의 이름으로 나아가서 그분의 힘의 능력으로 계속 싸워라. 미국의 노예제도조차 없어질 때까지."

결국 웨슬리는 이 편지를 보낸 6일 후에 세상을 떠났다. 그러나 월버포스는 웨슬리의 편지에 격려를 받아 끝까지 견디면서 싸움을 계속했다. 드디어 1833년, 죽기 3일 전에 그렇게 평생을 바라던 영국의 노예제도가 폐지된 것을 보았다. 그렇게 힘든 노예제도가 드디어 폐지되었던 기적은 한 사람의 격려가 다시 불을 지핌으로써 이루어졌다. 그것은 웨슬리가 생전에 말했던 것처럼 나중에 미국

에까지 번져서 노예제도를 해방하는 기폭제가 되었다.

좋은 인간관계는 고난을 당할 때 함께 있어 주고 어려울 때 격려해 주는 사이다. 특별한 도움을 주지 못해도 선한 싸움을 잘 싸우라고 격려하며 하나님을 의지하도록 도와준다면 이만한 좋은 인간관계는 없다. 특히 주의 길을 같이 가는 사람들과는 서로 격려하여 끝까지 견디도록 돕는 사이가 되면 천국까지 가는 길이 행복할 것이다.

> "우리가 시작할 때에 확신한 것을 끝까지 견고히 잡고 있으면 그리스도와 함께 참여한 자가 되리라"(히 3:14)

> "그러나 끝까지 견디는 자는 구원을 얻으리라"(마 24:13)

**7**
**당신이**
**먼저 하라**

# 관계의 주체는 내 자신이다

『나와 너』의 책을 쓴 저자 마틴 부버는 "인간은 창조될 때부터 관계성을 갖고 살도록 만들어졌으며, 이러한 관계성을 맺기 위해서는 자기 부인과 자기 희생이 있어야 한다."고 말했다. 관계를 맺거나 관계가 깨졌을 때 관계를 회복하는 주체는 누구일까? 그 답은 바로 나 자신이다. 인간관계를 좋게 하는 것은 내 자신에서 비롯된다. 인간관계를 잘하기 위해서는 내가 먼저 노력해야 한다. 그것은 자기 부인과 자기 희생을 통해서 이루어진다. 이것이 뒷받침 되지 않으면 관계를 회복시키기 어렵다.

좋은 관계는 신뢰감을 통해서 온다. 그러나 신뢰감을 이루기 위해서는 몇 가지 요소가 필요하다. 첫째, 충성이다. 충성은 관계에서 가장 중요한 핵심 요소다. 충성은 어려울 때 힘을 발휘한다. 보통 때는 충성을 잘 모르지만 힘들 때 그 사람의 충성을 알 수 있다.

둘째, 믿음이다. 무슨 일을 하든지 그것에 대한 믿음이 생기면 신뢰감을 갖게 된다. 작은 일이라도 꾸준히 한다든지, 변함없이 진실함으로 일을 처리하면 믿음이 생긴다. 셋째, 일관성이다. 사람의 관계를 형성하는 것은 변하지 않는 일관성이다. 충동적인 사람은 신뢰감이 떨어진다. 자주 일을 변경하거나 생각이 뒤바뀌는 사람은 불안하다. 이런 사람은 기준이 없다. 즉흥적이고 감정에 따라 일을 처리하기에 사람에게 신뢰감을 주기 어렵다. 넷째, 약속이다. 약속을 잘 지키는 사람은 신뢰감이 생긴다. 약속을 지킨다는 것은 어떤 불편과 희생이 뒤따르더라도 끝까지 약속을 지킨다는 것을 의미한다. 모든 관계는 약속에 의해서 형성된다. 한 번 약속을 어기면 관계에 금이 가기 시작한다. 다섯째, 진실이다. 상대방을 신뢰하는 근거는 진실함이다. 상대를 속인다는 의심이 들면 관계를 지속하기 어렵다.

위에서 언급한 신뢰감을 주는 이 다섯 가지 요소를 내가 먼저 잘 지킨다면 좋은 관계를 형성할 수 있다. 물론 관계가 깨어질 때도 이것을 먼저 실천하면 관계 회복이 이루어진다. 문제는 이런 신뢰감을 주는 요소를 이루기 위해서는 먼저 자기의 희생이 동반되지 않으면 어렵다. 이것들은 생각으로 해결되는 것이 아닌 행동으로 이루어지기 때문이다.

# 자신과 먼저 화해하라

다른 사람과 좋은 관계를 유지하기 위해서는 먼저 자신과 관계가 좋아야 한다. 그중에 자신이 가지고 있는 과거의 상처나 열등감을 치유해야 한다. 그렇지 않으면 그 상처가 다른 사람에게 그대로 나타난다. 자신에 대해서 분노하는 사람은 다른 사람을 괴롭힌다. 자신에 대한 분노를 다른 사람을 괴롭히는 방법으로 해결한다. 인간관계에서 이해하기 힘든 것들이 있다. 평소에는 착하고 문제가 없지만 갑자기 돌출행동을 하거나 가까운 사람을 괴롭히는 행동이다. 이런 사람은 정신적, 정서적 상태가 불안해서 그렇다. 정신적으로 불안한 사람은 다음과 같은 현상들이 나타난다.

언제 어디서나 자기를 정당화한다. 반박하고 상대방의 잘못으로 돌린다. 책임을 회피하고 변명한다. 자기 스스로 왜 이런 현상이 일어났는지 혼란을 느낀다. 자기합리화를 하면서 문제를 회피한다. 다른 사람의 잘못을 들추어내는 데 열심이다. 자신의 결점을 보지 못한다. 감정전이가 자주 일어난다. 이런 사람은 직장에서 기분이 안 좋으면 가족에게 분노를 쏟아낸다. 마음속에 분노가 생기고 죄책감이 강하다. 두려움, 근심, 걱정. 초조감을 갖는다. 심하면 가까운 이웃은 물론 아무 관계가 없는 사회의 모든 계층으로까지 퍼진다.

혹시 나에게 이런 현상은 없는지 살펴볼 필요가 있다. 이런 병적인 것을 치유하지 못하면 인간관계에 그대로 나타나 상대방에게 상처를 준다. 나중에는 '묻지마 살인'으로까지 이어진다. 실제로 우리 주변에 일어나는 '묻지마 범죄'는 이런 현상을 띠고 있다.

최근 서울에서 이런 사건이 일어났다. 동료와 인간관계가 안 좋아 퇴사한 이 사람은 같은 회사 동료를 죽이기로 작정하고 회사에 찾아가 동료에게 칼을 휘둘렀다. 그리고 자기를 제어하는 시민들에게까지 칼을 휘두르며 난동을 부렸다. 또 한 경우는 강남의 한 대형서점에서 책을 보는 사람에게 달려들어 망치로 뒷목을 내리치는 사건이 발생했다.

'묻지마 범죄'는 누구나 희생자가 될 수 있다는 데 문제가 있다. 이런 일을 저지르는 사람은 자기 자신에 대한 분노가 해결되지 않았기 때문이다. 언뜻 보면 다른 사람에게 문제가 있는 것처럼 보이지만 근본적인 원인 제공은 자신에게 있음을 알아야 한다. 주변 사람들에게 무차별적으로 범죄가 이어지는 것은 외적으로는 사회에 대한 반감이지만 내적으로는 자신에 대한 반감이 많을 때 나타나는 현상이다.

누구든지 어려운 문제를 당하면 먼저 자신과의 관계가 흔들린다. 이것을 슬기롭게 극복하는 방안을 마련해야 하는데 때에 따라 자기 힘으로는 해결할 수 없는 경우가 많다. 평소 자기 관리가 안 되면 언제라도 이런 돌출행동이 나타난다. 그러나 하나님의 은혜를 경험하면 이것을 이길 수 있다. 믿음이 없는 사람은 쉽게 포기하지만 하나님 앞에서 자신의 존재를 새롭게 깨닫는 사람은 아무리 어려워도 긍정적으로 생각하며 승화시키는 길이 생긴다.

과거의 나와 화해를 하면 현재의 자신이 건강하게 된다. 그렇지 못하고 자꾸 잘못된 과거의 자신에게 매이게 되면 현재의 삶은 망가지게 된다. 과거의 상처를 치유한다는 것은 인간의 힘으로는 힘들다. 만약 과거의 상처를 그대로 두면 독이 되고, 치유되지 않는 독은 때가 되면 폭발한다. 가만히 두면 안 된다. 가능한 빨리 치유해야 하는데 인간의 상처를 치유하는 길은 오직 그리스도의 사랑으로만 가능하다.

# 내가 먼저 변하라

인간관계의 해결에서 갈등을 일으키는 질문이 있다. 그것은 "내가 먼저 변화해야 할까? 아니면 상대방이 먼저 변화해야 할까?"라는 질문이다. 정답은 내 자신이 먼저 변화하는 것이다. 그것이 인간관계를 빨리 해결하는 비결이다. 우리는 상대방을 바꾸려고 한다. 그래서 인간관계가 힘든 것이다. 서로 상대를 바꾸려고 하면 관계는 점점 나빠진다. 부부가 서로 상대방을 바꾸려고 기를 쓰면 쓸수록 상태는 더 악화된다. 나중에는 이혼까지 간다. 왜 그럴까? 그것은 서로 소유하려고 하기 때문이다.

상대방이 먼저 변화되기를 원하는 것은 상대방보다 자신이 우위에 있다고 여기기 때문이다. 그런 태도를 사람들은 일단 싫어한다. 모든 사람은 동등하기에 그런 지배의식을 갖는 것은 감정을 상하게 한다. 이런 속마음을 알고 있는 상황에서 그것에 수긍할 사람은 없다. 물건은 소유할 수 있어도 사람은 소유할 수 있는 존재가 아니다. 그래서 사람은 누구의 말이라도 잘 안 듣는다. 자녀들이 자라는 과정을 보면 알 수 있다. 자녀들이 어느 정도 나이가 들면 부모 말을 잘 안 듣는다. 그것은 인간이 가지는 특징 때문이다. 인간은 누구에 의해서 소유되는 것을 거부한다. 설사 자녀라 할지라도 부모에 의해서 지배당하는 것을 근본적으로 싫어한다.

그런데 부모들은 자녀를 소유물로 착각을 한다. 거기에서 인간의 갈등이 생긴다. 이런 현상은 부모와 자녀, 남편과 아내, 상사와 부하, 어른과 아이 등의 관계 속에서 동일하게 일어난다. 기억하라. 인간은 누구에 의해서 소유되는 것을 싫어한다는 것을……

그렇다면 다른 사람이 변화하기를 강요하는 것보다 스스로 변하는 것이 더 효과적이다. 가능한 빨리 내가 상대방을 소유하고 있다고 착각을 벗어버리는 것이 필요하다. 그러면 상대방을 바꾸려고 힘쓰지 않아도 될 것이다. 상대방을 변화시키려는 노력은 시간 낭비다. 그것은 교만이다. 상대방을 바꾼다는 것은 나를 바꾸는 것보다 더 어렵다. 흔히 '너나 잘해' 하면서 모든 책임을 상대방에게 돌리는 경우가 있는데 그 생각을 바꾸어야 한다. 오히려 '나만 잘하면 돼' 로 바꾸는 것이 현명하다.

모든 인간관계의 갈등의 해결점은 나부터 변하는데 비결이 있다. 다른 사람을 변화시키는데 힘을 쓰는 것 반만 내가 변화하는데 사용한다면 인간관계는 생각보다 쉽게 풀린다. 내가 먼저 변하는 것이 훨씬 쉽다. 작은 것부터 조금이라도 변하려는 노력이 있으면 도미노 현상처럼 기적같이 인간관계가 확 변한다. 지금이라도 시행해 보라. 당장 효과가 나타날 것이다.

　부부가 이혼하는 가장 큰 이유는 성격이다. 성격이 맞지 않아서 우리 부부는 살 수 없다고 말한다. 그러나 생각해 보자. 수십 년 동안 그 성격으로 살아온 것이 결혼했다고 당장 변할 리 없다. 상대방의 성격은 절대 안 변한다. 그가 가진 특징인데 어떻게 변화하겠는가? 사실 변한다고 해도 어떻게 성격이 변하는 것이 맞는 것인지 아무도 모른다. 나의 성격에 맞추면 그것이 정답일까? 아니다. 자기 성격대로 사는 것이 인간이다. 개성은 그 사람이 가지고 있는 특성이다. 그것을 무시하면 곧 그 사람을 무시하는 것이다.

　부부는 서로 다른 성격을 가진 사람이 만나서 사는 것이다. 어차피 동성(同性)이 만나는 것이 아닌 이성(異性)이 만나는 것이다. 성격도 마찬가지다. 서로 다른 성격이 만나 조화를 이루는 것이 결혼이다. 그런데 성격이 맞지 않기에 헤어진다는 것은 이치에 안 맞는다. 오히려 성격을 맞추는 능력이 자신에게 부족하다고 솔직히 인정하는 것이 낫다. 부부 중에 이것을 해결할 능력이 없으면 이혼하게 된다. 이렇게 보면 이혼은 어떤 한 사람의 책임이 아닌 둘이 함께 져야 할 책임이다.

　성격을 바꾸려고 하지 말고 생각을 바꾸면 된다. 성격은 바꾸기 어렵지만 생각은 바꿀 수 있다. 앞에 큰 돌이 길을 가로 막고 있다고 해서 길을 가지 못하는 우를 범해서는 안 된다. 이런 일은 어디

가나 생긴다. 어차피 돌을 움직일 수 없다면 돌을 넘어가는 생각을 하면 된다. 다양한 생각을 갖고 고민하면 돌을 움직이지 않고서도 돌을 넘어갈 수 있는 길이 보인다. 이것은 사람과의 관계에서도 그대로 적용된다. 문제는 내 자신이다. 문제가 생기면 문제를 회피하지 말고 적극적으로 문제를 해결하는 방향으로 나가라. 그 문제를 해결하는데서 즐거움을 찾으라. 쉽지 않지만 노력하면 틀림없이 답이 보일 것이다.

# 자기도취는 관계를 깨는 주범이다

사람과 관계를 맺는데 큰 걸림돌이 하나 있다. 그것은 자기도취에 사로잡히는 일이다. 보통 사람들은 이것을 잘 인식하지 못한다. 사람과 대화를 나누다 보면 자기 생각에 사로잡혀서 자기 이야기만 하는 사람이 있다. 거의 대화의 주도권을 혼자서 쥐고 시간을 보낸다. 한 번 이야기를 시작하면 쉬지 않고 오직 자기 이야기만 한다. 이런 사람은 모든 사람이 싫어한다.

왜 이런 현상이 일어나는가? 그것은 자기도취에 스스로 빠졌기 때문이다. 우리는 이런 상태가 되지 않도록 늘 자신을 돌아보아야 한다. 사람마다 이런 성향이 모두 있다. 보통 때는 아무 말을 안 하다가도 자기 이야기를 들어주는 사람을 만나면 반복하여 같은 말을 계속한다. 이것은 나중에 잔소리로 변하여 나보다 낮은 사람이나 어린 사람을 훈계하는 식으로 발전된다.

자기도취에 빠진 사람의 특징은 잔소리를 잘한다. 잔소리야말로 인간관계를 깨는 주범이다. 잔소리는 모두 싫어한다. 같은 이야기를 반복하여 말하는 것은 지겹다. 이런 사람과는 더 이상 관계를 맺고 싶어 하지 않는다. 혹시 내가 그런 사람은 아닌지 살펴보고 조금씩 잔소리를 줄여가도록 하라. 내 생각만이 옳은 것이 아니다. 그럼에도 그것을 계속 강조하면 어느 순간에 자기도취에 빠진다.

심리학에서 인간은 6가지 병을 앓고 있다고 한다. 곧 자기도취, 비판, 절망, 나태, 비교의식, 질투라고 하는 병이다. 여기서 자기도취는 '나르시스즘(narcissism)'이라고 말한다. 이런 현상이 일어나는 것은 자기를 지나치게 사랑하고 자기중심적인 사고방식을 가지기 때문이다. 이것은 일종의 심리적인 병이다. 흔히 공주병, 왕자병이라고 불리는 현상이다. 우리 주변에서 된장녀이니 꽃미남이니 하는 것도 여기에 포함된다.

자기도취에 빠진 사람이 과대망상으로 발전하면 범죄를 저지를 수 있다. 자기도취에 사로잡힌 사람은 자신을 칭찬하며 또 남들에게 칭찬을 받고 싶어 한다. 오직 자신과 관련된 것 말고는 어떤 주제도 눈에 들어오지 않는다. 이런 사람은 다른 사람의 말을 들으려고 하지 않는다. 자기 자신 외에 다른 관심사가 없다. 권력욕을 사로잡힌 정치인과 많은 정신병자가 여기에 속한다.

자기도취는 인간이라면 모두 가지고 있는 부분이다. 인간은 본질적으로 자기중심적인 사고를 가지고 있기에 이런 현상이 나타난다. 조건이 없어서 그렇지 조건만 갖추어지면 언제라도 이런 병에 사로잡힐 수 있다. 우리가 자기도취에서 벗어나기 위해서는 평소에 남에게 관대하고 자신에게는 엄격하게 대하는 것도 한 방법이다. 그리고 자신을 객관적으로 보는 눈을 키우는 일을 지속적으로 갖는 일이다.

인간관계가 부족하면 자기도취에 빠진다. 한 번 맺은 관계는 가능한 지속성을 가지고 그 속에서 자신을 치유하는 것이 좋다. 이런 사람은 공동체에 적응을 잘하지 못하기에 이리저리 자주 자리를 옮긴다. 또 다른 방법은 가능한 자기가 자신을 칭찬하지 않도록 하라. 칭찬은 자신이 아닌 다른 사람이 할 때 바른 칭찬임을 기억하고 스스로 칭찬하려고 하는 자기 입을 절제하라.

"타인이 너를 칭찬하게 하고 네 입으로는 하지 말며 외인이 너를 칭찬하게 하고 네 입술로는 하지 말지니라"(잠 27:2)

# 인간관계의 첫걸음은 자존감이다

인간관계는 자기를 중심으로 해 상대방과 관계를 맺는 것이다. 일차적으로는 내가 중요하다. 왜냐하면 내가 모든 것의 기준이 되기 때문이다. 내 기준이 확실해야 인간관계가 잘 풀린다. 우리는 모든 것을 자신의 관점에서 세상과 타인을 바라본다. 이것을 위해서는 자존감이 중요하다. 자존감(self-esteem)이란 스스로를 존중하며 가치 있는 존재로 평가하는 태도를 말한다. 자기를 부정적으로 보는 사람은 다른 사람도 부정적으로 본다. 그러나 자신을 존중하고 신뢰를 갖는 사람은 상대방도 신뢰하게 된다.

자신을 긍정적으로 받아들이는 사람은 타인에게 불편을 느꼈을 때 긍정적인 방식으로 자신의 생각을 전달한다. 스스로를 믿듯 상대방도 믿는다. 자신을 긍정적으로 바라보는 만큼 상대도 그렇게 바라보기 때문에 행복한 관계가 된다. 헤르만 헤세는 "내가 나를 사랑하지 않고는 남도 나를 사랑할 수 없다. 내가 나를 사랑하는 만큼 남도 나를 사랑한다.”고 말했다. 나를 사랑하는 만큼 다른 사람을 사랑할 수 있다. 나를 존중하는 만큼 다른 사람을 존중하게 된다. 높은 자존감은 행복한 인간관계의 필수 요소다. 자존감을 갖기 위해서는 어떻게 해야 할까?

첫째, 과거보다 현재에 충실하라. 사람마다 과거의 좋지 않은 경험들이 있다. 그런데 그것은 이미 지나간 것으로 어떻게 할 수 없다. 어떤 경험은 부모나 타인으로부터 오는 것들도 있다. 그것은 내 의지와 상관없이 주어진 것들이다. 그것을 탓하면 오히려 과거에 얽매이게 된다. 현재의 순간을 즐기면서 의미 있는 가치를 만드는 것이 중요하다. 그렇게 되면 미래가 달라진다.

둘째, 자신과 긍정적 자기 대화를 하라. 자존감은 자신에 대한 자기의 생각에서 비롯된다. 우리는 혼자 있을 때 자기 스스로에게 부정적인 언어를 할 때가 있다. 스스로 하는 말을 자기 대화라고 한다. ‘난 왜 이렇게 못났지!’, ‘난 이래서 안 돼!’ 등의 부정적 대화를 스스로에게 한다면 이런 대화부터 고쳐야 한다. 스스로에게 하는 불평과 원망을 조심하라. 누가 듣지 않아도 혼자서 하는 자기 대화는 자존감에서 중요한 역할을 한다. 오히려 긍정적으로 ‘난 무조건 잘 될 거야.’ 하면서 지금 자신을 새롭게 보는 시야가 필요하다. ‘다음에 더 잘하면 돼.’, ‘지금은 잘하지 못했으나 그래도 최선을 다했어. 나는 이 점이 정말 마음에 들어.’라는 긍정적인 자기 대화가 필요하다.

성경에 나오는 욥은 자신이 처한 고난의 환경을 불평하지 않았다. 그는 입술로 죄를 짓지 않았다. 우리도 입술로 죄를 짓지 말아야 한다. 입술로 죄를 짓는 것을 차단하라. 부정적인 언어를 하면 할수록 자존감은 떨어진다. 상대방을 판단하는 것도 문제지만 자신을 쉽게 판단하는 것도 문제다. 그것이 꼭 맞는 말은 아니다. 나의 잘못된 판단이라면 그것은 사실이 아니다. 아직 결론이 나오지 않았는데 스스로 판단하는 것은 거짓된 것에 나를 맡기는 어리석은 일이다.

　셋째, 타인과 비교하지 마라. 다른 사람과 비교는 자존감을 낮게 하는 요인이다. 사람은 다른 사람과 비교하는 습성이 있다. 자신뿐만 아니라 타인에게도 그대로 나타난다. 그러나 타인과 비교하기보다는 나만의 강점을 찾아 극대화 할 필요가 있다. 누구나 독특한 자기 강점이 있다. 그것을 발견하고 발전시키면 누구나 자존감을 되찾을 수 있다. 나만의 가치를 찾지 못하면 자존감은 급격히 떨어진다. 좋은 자존감을 가져야 다른 사람과 관계가 좋게 유지된다. 자존감이 낮은 사람과 인간관계를 가지면 자신도 모르게 약해지고 부정적이 된다.

## 내 안에 숨어 인간관계를 파괴하는 10가지 괴물

괴물 ❶
상대를 경쟁 관계로 인식하고 점수로 평가한다.

괴물 ❷
사소한 것도 트집을 잡고 잔소리한다.

괴물 ❸
자기 방식을 최고라고 고집한다.

괴물 ❹
대화 중에 갑자기 돌변하여 상대방을 공격한다.

괴물 ❺
자기합리화를 하고 뒤에서 공격한다.

괴물 ❻
진짜 문제는 회피하고 부수적인 문제만 부각시킨다.

괴물 ❼
분노를 삭이지 못하고 절대 용서하지 않는다.

괴물 ❽
좀처럼 감사하지 못하고 만족하지 못한다.

괴물 ❾
모험보다 현재의 안주를 추구한다.

괴물 ❿
인내하지 못하고 쉽게 자포자기한다.

# 은혜를 받으면 먼저 하게 된다

모든 인간관계 해결점은 내가 먼저 하는 것에서부터 출발한다. 물론 서로 노력하면 그것은 금상첨화다. 잉꼬 부부 비결은 간단하다. 어느 한 사람만 노력하는 것이 아닌 둘이 서로 노력하는 것이다. 이것이 익숙하면 부부 관계는 원만하다. 우리가 보기에 도저히 성격이 안 맞고 생각과 환경이 다른데 사이좋게 잘 사는 부부들이 있다. 그것은 본래부터 그렇게 만들어진 부부가 아니다. 자신을 포기하고 먼저 상대방을 이해했기 때문에 가능하다. 이것은 모든 경우에 해당되므로 아무리 힘든 인간관계라도 이 원칙을 따르면 해결이 쉽다. 문제는 내가 그것을 먼저 하기 힘들다는 데 있다. 사람은 모두 자기 고집이 있기에 좀처럼 자신을 포기하지 않고 끝까지 자기 고집을 부리면서 자기 방식대로 살려고 하기 때문에 먼저 하기가 힘든 것이다.

사랑 받고 싶다면 먼저 사랑해야 한다. 사람은 자신이 사랑 받고 있다고 생각하며 매우 소중하게 여기는 존재라는 것을 일깨워 주는 사람과 사랑에 빠지는 법이다. 누구든지 상대방을 존중하고 사랑하면 상대방은 나를 좋아하게 되어 있다. 이것이 인간이다. 인간관계를 결정짓는 첫째 요소는 나를 좋아하는가, 아니면 나를 싫어하는가에 달려 있다. 나를 싫어하는 사람을 내가 좋아할 리가 없다.

벤자민 프랭클린은 "사랑 받고 싶다면 다른 사람을 먼저 사랑하고 스스로 사랑스럽게 행동하라."고 말했다. 공자는 "사람을 사랑하되 그가 나를 사랑하지 않거든 나의 사랑에 부족함이 없는가 살펴보라."고 했다. 지금이라도 먼저 사랑하기로 작정하면 인간관계는 좋아진다. 인간관계가 좋은 사람의 일반적인 특징은 사람들을 좋아한다는 점이다. 사람과 만나는 것을 좋아하고 특별히 사람에 대한 반감이 없다. 당연히 이런 사람 주변에는 늘 사람이 따른다. 눈빛과 말과 몸짓과 행동을 통해 상대방을 좋아한다고 표현하라. 그러면 상대방도 나를 좋아하게 된다. 처음에는 관심이 없다가도 자신을 좋아하게 되는 그 사람에게 점점 끌리게 되는 법이다.

왠지 모르게 싫어지는 사람이 있다. 그런 사람은 저절로 기피하게 된다. 또 나에게 해를 끼치는 사람은 당연히 싫어진다. 이렇게 되면 사랑이 조건적이 되고, 나를 좋아하는 사람만 좋아하는 상황이 생긴다. 그리스도인은 이것을 넘어서야 한다. 만약 이렇게 사랑한다면 믿음을 가진 사람으로서 구별성이 없다. 나를 핍박하고 나를 원수로 생각하는 그 사람까지 사랑하고 먼저 다가서기 위해서는 인간의 힘으로 불가능하다. 이것을 이루기 위해서는 은혜를 받아야 한다. 하나님의 은혜를 받으면 이런 사랑이 가능하다. 그리스도인의 인간관계는 여기까지 나가야 한다. 우리가 받은 하나님의 사랑은 이것을 포함한 사랑이다.

이것이 그리스도인의 인간관계의 모습이다. 하나님께서는 우리가 사랑 받을 자격이 없는 사람임에도 우리를 사랑하셨다. 죄인이며 원수된 우리를 먼저 사랑하셨다. 그것이 주님께서 우리에게 보여주신 인간관계의 방법이다. 이런 은혜를 안다면 우리도 그런 사랑을 먼저 다가가 이웃에게 베풀어야 한다.

세상 사람은 자기에게 해를 주는 사람에게는 먼저 다가서지 않는다. 이것이 세상의 인간관계의 모습이다. 사람과의 관계는 늘 좋은 것만은 아니다. 우리가 이런 최악의 상황을 이길 수 있다면 인간관계는 성공한 것이다. 우리가 이것을 해결할 힘을 가진다면 어떤 사이라도 좋게 만들 수 있다.

이것은 하나님의 사랑을 체험할 때 가능하다. 은혜를 받은 만큼 우리는 먼저 다가서게 되고 원수까지도 사랑할 수 있다. 인간관계를 주도하고 회복하는 주체자로 살아갈 수 있다. 이런 사람에 의해서 우리 사회는 달라진다. 그리스도인은 은혜 받은 사람이다. 그렇다면 세상 사람과 인간관계 속에서 먼저 실천해야 할 사람은 당연히 그리스도인이다. 이제부터 먼저 함으로써 당신이 그리스도인이라는 것을 증거하자.

# 먼저 시작하는 사람이 리더다

리더는 누구인가? 남보다 앞장 서는 사람이 리더다. 어떻게 다른 사람과의 관계에서 앞장 설 수 있는가? 사랑을 먼저 하면 된다. 리더는 남보다 먼저 하는 자이다. 인간관계에서 리더는 나이나 경험이나 소유에 있지 않다. 우리는 많이 가진 사람이 리더인 것처럼 생각을 하지만 그렇지 않다. 먼저 실천하는 사람이 리더다. 용서도 먼저 하라. 섬기는 것도 먼저 하라. 인사와 화해도 먼저 하라. 먼저 하는 것에 앞장 서라. 그것이 인간관계를 잘하는 비결이다. 먼저 하는 사람을 주변 사람은 따르게 마련이다.

한국 사람들은 유달리 순서를 많이 따진다. 동방예의지국이라는 말 때문에 늘 순서에 신경을 쓴다. 우리는 남들이 보는 체면 때문에 먼저 하고 싶어도 하지 못할 때가 많다. 유교적 체면 문화가 이것을 방해한다. 나이가 많은 사람이 먼저 잘못했다고 말하는 것은 우리 사회 통념에 맞지 않는다고 생각한다. 예를 들어 '어떻게 어른이 먼저 용서를 구하는가. 어떻게 남자가 여자에게 용서를 구하는가.' 등등의 이유를 들어서 순서에 늘 관심을 갖는다. 그러다 보니 먼저보다는 나중에 하는 것을 자부심으로 느끼고 있는 것이다. 우리나라 사람들이 인간관계가 힘든 이유 중 하나는 이런 문화적인 영향이 많이 작용한다.

우리는 처음 사람을 만나면 나이를 묻는다. 그리고 나이에 따라 관계의 순서를 매기는 버릇이 있다. 물론 손아랫사람이 윗사람을 존경하는 의미에서 좋은 것을 양보하는 정신은, 예의를 먼저 갖춘다는 의미에서는 좋지만 그것이 모든 것에 적용이 되면 곤란하다. 좋은 것은 다른 사람을 먼저 하게 하는 것이 좋지만 손해보고 희생하는 것은 내가 먼저 하는 것이 좋다. 먼저 하는 사람이 결국은 주도권을 잡는다. 처음에는 뒤처지는 것 같지만 결과적으로는 먼저 행하는 사람이 되어 리더 역할을 하게 된다.

예수님께서 최후만찬 때 제자와 같이 방 안에 계실 때였다. 잠시 빌린 방이기에 주인이 없었다. 팔레스타인 지역의 주변 환경은 먼지가 많다. 밖에서 집에 들어오면 발에 먼지가 가득하다. 그래서 먼저 발을 씻는 것이 예의다. 문 앞에 둔 물항아리는 손님들의 발을 씻는데 사용한다. 주인은 먼저 손님들의 발을 씻기는 것이 관례였다. 그런데 집 주인이 없다 보니 아무도 발을 씻지 않고 그냥 방 안에 있게 되었다. 이때 예수님께서 자리에 일어나시어 제자들의 발을 씻기셨다. 그러고 나서 제자들에게 말씀하셨다.

> "내가 주와 또는 선생이 되어 너희 발을 씻었으니 너희도 서로 발을 씻어 주는 것이 옳으니라 내가 너희에게 행한 것 같이 너희도 행하게 하려 하여 본을 보였노라"(요 13:14-15)

순서적으로 보면 제자가 선생의 발을 씻겨주는 것이 옳지만 그렇지 못할 때가 있다. 순서를 따지기 어려울 때, 아니면 먼저 해야 할 필요를 느끼지 못할 때이다. 이때는 그리스도인이 먼저 행하는 것이 필요하다. 그것이 세상에서 그리스도인이 해야 할 모습이고 주님이 가르쳐 준 모본이다.

인간관계에서 먼저 하는 것은 인간관계 해결에 매우 중요한 자세다. 세상을 이끌어가는 사명을 받은 그리스도인은 마땅히 먼저 하는데 앞장서야 한다. 솔선하고 모범을 보이는 사람이 이왕이면 내가 되도록 하자.

> "형제를 사랑하여 서로 우애하고 존경하기를 서로 먼저하며"(롬 12:10)

# 깨달은 만큼 섬긴다

남보다 먼저 하는 것은 깨달음이 있기 때문에 가능하다. 손해 보는 일임에도 먼저 하는 것은 쉬운 일이 아니다. 그것은 나름대로 그런 행동에 대해서 깨달음이 왔기 때문이다. 똑같은 사건이라도 생각하는 것이 다르고 그것에 대한 깨달음도 사람마다 다르다.

이렇게 보면 사실을 본다고 다 보는 것이 아님을 알 수 있다. 보아도 보지 못하는 사람이 있고 들어도 듣지 못하는 사람이 있다. 마음이 열리지 않으면 보는 눈이 닫힌다. 들을 수 있는 귀가 닫힌다. 보는 것은 눈으로만 보는 것이 아니고, 듣는 것은 귀로만 듣는 것이 아니다. 마음으로 듣고 마음으로 보는 것이다. 마음이 열린 만큼 보이는 법이다.

그래서 같은 장소에 있는데도 각자 듣는 내용이 다른 것은 이런 이유 때문이다. 모든 일은 인간의 해석이 들어간다. 해석은 자기만의 깨달음에서 나온다. 그리고 해석은 사람마다 다르다.

인간관계는 해석에서 결정이 된다. 해석은 깨달음에서 온다. 어떻게 깨닫느냐에 따라 해석도 달라진다. 깨달음이 깊으면 인간관계는 원활하다. 그러나 깨달음이 부족하면 인간관계는 문제를 야기한다. 깨달음은 마음에서 온다. 나의 마음의 상태가 깨달음에 영향을 미친다.

인간관계를 잘하려면 사람에 대한 깨달음이 중요하다. 사람을 어떻게 보느냐에 따라 사람을 대하는 태도가 달라진다. 사람의 인격성을 가치로 보는 사람은 사람을 크게 차별하지 않는다. 그러나 사람을 모두 속물적인 존재라고 보는 사람은 물질적인 접근을 하게 된다. 외모로 사람을 평가하고 마음의 가치는 낮게 본다. 자연히 사람과 관계를 맺을 때도 이런 방식으로 접근한다.

사람을 하나님의 형상으로 보면 비록 한 사람이지만 그는 위대한 가치가 있다. 그를 보면 앞으로 달라질 미래가 보이고 자연스럽게 그에 대한 존경심을 갖게 된다. 이런 깨달음이 생기면 자연히 사람을 소중하게 생각하게 된다. 그리고 작은 행동 하나도 놓치지 않고 관심 있게 본다. 그러나 인간의 내면적 가치보다는 외적인 가치를 보는 사람은 그 사람의 현재적 사실에 집중하게 된다. 지금 무엇을 갖고 있으며 무엇을 하고 있는지, 어떤 배경이 있는지에 초점을 두게 된다. 인간의 이런 행동은 모두 깨달음에서 온다. 사람의 진정한 가치를 알면 자연스럽게 사람을 섬기게 된다.

그러나 인간의 가치를 잊으면 나보다 못한 사람은 무시하고 함부로 대한다. 이렇게 보면 깨달은 만큼 남을 섬긴다는 말이 맞다.

성경에 보면 양과 염소에 관한 비유의 말씀이 나온다.

> "임금이 대답하여 이르시되 내가 진실로 너희에게 이르노니 너희가 여기 내 형제 중에 지극히 작은 자 하나에게 한 것이 곧 내게 한 것이니라"(마 25:40)

왜 지극히 작은 자에게 한 것이 주님에게 한 것이 되는가? 그것은 형제를 사랑하는 것이, 곧 하나님을 사랑하는 것이라(요일 3:14)는 말씀에 근거한다. 하나님을 믿는다는 것은 이웃을 사랑한다는 뜻이다. 이런 말씀의 깨달음이 생기면 우리는 작은 자 하나라도 함부로 대하지 않게 된다. 이웃에서 하나님을 보게 된다. 이런 깨달음은 물론 하루아침에 생기지 않는다. 그러나 말씀의 의미를 깨달은 사람은 자연스럽게 사람을 섬기게 된다. 다른 예를 들어 보자. 제자들이 서로 높은 자리에 앉고자 하자 주님께서 제자들에게 이렇게 말씀하신 적이 있다.

> "너희 중에 누구든지 크고자 하는 자는 너희를 섬기는 자가 되고 너희 중에 누구든지 으뜸이 되고자 하는 자는 모든 사람의 종이 되어야 하리라"(막 10:43-44)

왜 섬기는 자와 남의 종이 되는 자가 큰사람이 되는가? 금방 이해가 안 된다. 일반적인 상식으로는 남을 지배하는 자가 큰사람이라고 생각할 수 있다. 그러나 장기적으로 보면 그런 사람은 큰사람이 될 수 없다. 사람을 소중하게 여기지 않기에 기본적으로 사람을 지배할 수 있는 자격이 안 되기 때문이다.

사람을 소중하게 여기면 자연히 섬기게 된다. 그것은 체면의 문제가 아니라 가치의 문제다. 섬긴다는 것은 사람의 가치가 얼마나 대단한지를 안다는 것이다. 정말 상대가 소중한 존재라고 생각하면 섬기는 것은 너무나 당연한 것이다. 부모가 아이의 소중함을 알면 얼마나 조심스럽게 다루고 그를 보살피는지 모른다. 그것은 누가 시켜서 억지로 하는 것이 아닌 아이의 존재를 귀하게 보면서 나타나는 자발적인 행동이다.

성공적인 인간관계를 이루기 위해서는 평소에 사람에 대한 생각을 많이 해야 한다. 그리고 사람을 사랑해야 한다. 그렇게 되면 어떻게 사람을 대해야 하는지, 어떻게 사람을 존중해야 하는지에 대한 구체적인 답이 나온다. 굳이 섬기는 방법을 가르쳐 주지 않아도 상대방에게 맞는 방법이 생각난다.

내가 깨달은 만큼 남을 섬긴다. 인간관계는 깨달음에서 이루어진다. 상대방을 어떻게 느끼느냐에 따라 상대방을 대하는 나의 자세는 달라진다.

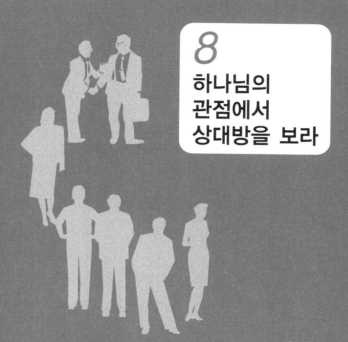

# 8
# 하나님의
# 관점에서
# 상대방을 보라

# 하나님의 눈으로 상대방을 바라보라

보통 사람들은 나 중심에서 사람을 본다. 이렇게 되면 내가 좋아하는 사람만 만나고 그렇지 않은 사람은 기피하게 된다. 그러나 살다 보면 늘 좋아하는 사람만 만나는 것이 아니다. 여기서 인간관계 문제가 발생한다. 세상에는 나와 같은 사람이 하나도 없다. 인간관계의 핵심은 나와 다른 사람을 어떻게 나와 같은 사람으로 바라볼 수 있느냐에 달려 있다고 볼 수 있다.

사실 내가 끌리는 사람과 인간관계를 갖는 것은 그리 어렵지 않다. 끌리는 사람들과 만나면 별 문제 없이 지낼 수 있다. 그러나 실제는 그렇지 않다. 과연 나와 같은 사람이 얼마나 될까? 나와 같은 사람이라도 깊게, 또 오래 사귀다 보면 생각지 못한 다른 점을 발견하게 된다. 그것으로 인해 갈등을 갖는다.

서로 비슷한 사람들을 찾아 결혼하는 사람들이 있다. 그러나 그 비슷한 것을 보는 관점은 현재에서 보는 관점이다. 만난 지 얼마

안 된 2-3년 동안에 느끼는 사람과 20-30년 만나서 느끼는 사람
은 전혀 다를 수 있다. 처음에는 너무 좋아서 만났는데 나중에 헤
어질 때는 원수처럼 헤어지는 경우도 있다. 얼마 지나면 달라도 너
무나 다른 상대방을 보면서 힘들어 한다. 처음에는 안 그랬는데 시
간이 지나면서 달라졌다고 말한다. 그래서 실망했다고 말하면서
잘못을 상대방에게 돌린다. 변하지 말아야 하는데 변해도 너무나
변했다는 것이다.

그러나 과연 그런가? 원래 그런 사람이었는데 내가 그것을 미리
알지 못한 것은 아닌가? 그렇다면 내가 판단을 잘못한 것이다. 그
결과는 상대방에게 있기 보다는 내 자신에게 있다고 보는 것이 더
옳다. 외적인 것만 보고 사람을 판단한 나의 실수가 더 크다. 대부
분 이혼하는 사람들이 이런 경우에 해당된다. 오히려 처음부터 조
금 다른 모습과 차이점을 인정하고 사는 사람은 이혼할 확률이 적
다. 어차피 서로 다른 것을 감수하고 결혼했기에 설사 살면서 다른
모습이 나타난다 해도 그것을 받아들이기 쉽다.


가장 좋은 인간관계의 비결은 무엇일까? 결론부터 말하면 하나
님의 관점에서 상대방을 보는 것이다. 내가 상대방을 보는 관점은
아무래도 주관적이다. 꼭 상대방이 나와 같은 것은 아니다. 결국
이것은 누가 시작해도 다 같은 상황이 된다. 그리고 나의 관점은
영원하지 않다. 시간이 지나면서 수시로 달라지는 것이 나의 관점
이다. 오히려 나쁜 고정관념은 좀처럼 바뀌지 않고 새로운 것은 받
아들이지 않는 경우가 많다. 나의 감정과 생각은 자주 변한다. 내

가 바라본 모습이 오래가지 않는다. 그렇다면 그것 역시 믿을 수 없다. 변하기는 서로가 마찬가지다.

그러면 어떻게 해야 할까? 제3의 관점을 찾아야 한다. 그것은 하나님의 관점이다. 인간은 아무래도 객관적일 수 없다. 그러나 인간을 잘 아시는 하나님의 관점을 따르면 그것이 가장 이상적이다. 부부가 만나는 것도 인간이 선택한 것이 아닌 하나님께서 짝지워 주신 것을 그대로 수용하는 사람이 행복하게 산다.

각자 하나님의 눈을 길러야 한다. 그리고 하나님의 시각에서 상대방을 바라보고 자신을 보는 훈련을 해야 한다. 그것이 우선된다면 상대방을 잘 이해하게 되고 설사 받아들일 수 없는 경우가 있다 해도 하나님의 섭리로 받아들일 수 있다. 서로 만나게 해 주신 하나님의 뜻이 있다. 그것을 발견하면 어려운 문제를 쉽게 풀 수 있다.

언젠가 한 젊은 짝의 이야기를 들은 적이 있다. 서로 결혼할 마음을 가지면서 사귀고 있었는데 남자 친구가 갑자기 실명의 위기가 왔다. 그런데 상대 여자는 남자를 더욱 사랑하고 그를 손으로 잡고 안내하면서 눈과 발이 되어 주는 아름다운 모습을 본 적이 있다. 그것이 어쩌면 자기를 만나게 해 준 하늘의 뜻이라고 생각하면서 이전보다 더 깊은 만남을 갖는 것이 실로 감동적인 모습이었다.

살다 보면 생각지 않는 힘든 상황이 다가올 수 있다. 그것을 분노하지 말고 그대로 받아들이는 것이 인생을 사는 지혜다. 사람과의 만남도 마찬가지다. 살다 보면 어떻게 달라질지 모른다.

248

그렇다 해도 서로 믿고 받아들이는 그것이 인간의 만남이다. 흔히 하나님의 섭리라고 믿고 수용하면 더 큰 기쁨이 찾아온다.

상대방을 볼 때 나의 관점에서 보면 늘 문제가 발생한다. 하지만 하나님의 시각에서 보면 생각하지 못한 의미를 찾을 수 있다. 세상 사람들과 그리스도인의 차이점은 여기에 있다. 세상 사람들은 쌍방이 의견 일치를 이루지 못하면 쉽게 갈라선다. 물론 중재자 도움이 필요하지만 크게 효과를 보지 못하는 경우가 많다. 왜냐하면 그도 같은 인간이기에 인간의 시각을 벗어나지 못하는 한계가 있다.

그러나 그리스도인은 관계가 아무리 힘들어도 하나님께 기도하면서 하나님의 뜻을 구하면 해결점이 열린다. 하나님께서는 인간을 편애하지 않으신다. 우리가 생각하는 기준과 다르다. 인간을 보는 차원이 높고 깊고 넓다. 예수님께서 가르치신 산상 수훈을 보면 하나님께서 보시는 인간관계를 잘 제시하고 있다.

"눈은 눈으로, 이는 이로 갚으라 하였다는 것을 너희가 들었으나 나는 너희에게 이르노니 악한 자를 대적하지 말라 누구든지 네 오른편 뺨을 치거든 왼편도 돌려대며 또 너를 고발하여 속옷을 가지고자 하는 자에게 겉옷까지도 가지게 하며 또 누구든지 너로 억지로 오 리를 가게 하거든 그 사람과 십 리를 동행하고 네게 구하는 자에게 주며 네게 꾸고자 하는 자에게 거절하지 말라 또 네 이웃을 사랑하고 네 원수를 미워하라 하였다는 것을 너희가 들었으나 나는 너희에게 이르노니 너희 원수를 사랑하며 너희를 박해하는 자를 위하여 기도하라 이같이 한즉 하늘에 계신 너희 아버지의 아들이 되리니 이는 하나님이 그 해를 악인과 선인에게 비추시며 비를 의로운 자와 불의한 자에게 내려주심이라"
(마 5:38-45)

우리는 '눈은 눈으로 이는 이로' 갚는다. 그러나 하나님께서는 악한 자를 대적하지 말고 오히려 사랑을 베풀어 주라고 말씀하신다. 또 우리는 의로운 사람에게만 혜택을 준다. 그러나 하나님께서는 의로운 사람과 불의한 사람에게도 동시에 해와 비를 내리신다. 이것이 우리와 하나님과 다른 인간관계법이다.

지금의 원수가 나중에 은인이 될 수 있다. 지금의 은인이 나중에 원수가 될 수 있다. 이것이 인생이다. 인간은 당장의 상황으로 판단할 수 없다. 어떤 사람이 나와 맞는 사람인지, 나에게 좋은 사람인지 인간의 눈으로는 어렵다. 모든 것은 시간을 두고 기다려야 한다. 당장 현재만 보지 말고 인생 전체를 보시는 하나님의 눈으로 상대방을 대하자.

# 자신을 낮추고 관심을 상대방에게 돌려라

한 방송사의 토크쇼 프로그램에서 '부활' 그룹을 이끌고 있는 가수이자 작곡가인 김태원이 자폐증을 앓고 있는 아들 우현이에 대한 이야기를 들었다. 아이가 태어날 때부터 자폐증을 앓았다고 한다. 세 살쯤 알았는데 일단 눈을 안 마주치고 말이 없었다. 그래서 무뚝뚝한 아이인 줄 알았고 '개성 있다', '멋있다'고 생각했다고 한다.

그러나 나중에 자폐증인 것을 알고 부부는 너무 충격이 컸다. 자폐는 낫는 게 아니고 죽을 때까지 느리게 자란다는 사실을 알고부터 마음이 아팠다. "태어나고 한 5년 동안은 집안 전체가 지옥이었다."고 힘들었던 시기를 회상했다.

그러다가 한 가지 깨달은 사실은 '우리가 아들 우현이가 생각하는 대로 따라가면 된다는 것'이었다. 옛날에는 치료하려고 데리고 다녔는데 그건 지옥이었다. 그런데 지금은 몸은 크고 정신연령은 두 살이지만 자라는 모습 자체가 얼마나 예쁜지 모른다. 어느 순간

그걸 아름답게 바라보게 되었고 그 이후로는 우리 집이 행복해졌다고 고백한 것을 들었다. 그가 마지막 말한 한 마디가 오랫동안 가슴을 울린다. "생각에 따라서, 발상에 따라서 지옥과 천국을 자기 스스로 만들 수 있다."

이것은 우리가 인간관계를 어떻게 해야 하는지 단적으로 보여주는 좋은 예이다. 자폐증과 같이 이해하기 어려운 상대방이나 인간의 힘으로 해결이 안 되는 상대를 만났을 때 우리는 어떻게 해야 할까? 아주 난감할 것이다. 그러나 우리의 관심을 상대방에게서 시작하면 문제 될 것이 없다. 모든 것을 내 중심으로 생각하니까 힘들지 상대방의 입장을 이해하고 거기서부터 하나씩 문제를 해결하면 인생사 풀지 못할 문제는 없다. 오히려 감사하고 행복을 느낄 수 있다.

왜 상대방과 만남에서 힘든가? 모든 것을 내 중심에서 보기 때문이다. 이것만 버리면 인간관계는 쉽게 해결된다. 물론 생각처럼 행동으로 옮기기는 쉽지 않다. 오랫동안 내 중심에서 모든 것을 보아왔기에 그것을 해결한다는 것은 상대방보다 내 자신이 더 힘들 수 있다.

이렇게 보면 인간관계는 자신에게서 문제가 해결되어야 함을 알 수 있다. 사람들은 자신을 바꾸지 못하니까 상대방을 자꾸 바꾸라고 강요하는 것이다. 자신을 바꾸면 당장 문제가 쉬운데 그것이 안 되는 것은 그만큼 자신이 변화되는 것이 어렵기 때문일 수 있다.

나도 힘들다면 상대방은 더 힘들다. 그렇게 되면 문제는 영원히 풀리지 않는다.

예수님께서는 인간이 지은 죄의 문제를 해결하기 위해서 높은 하늘 보좌를 버리고 낮은 인간의 세계로 내려 오셨다. 그리고 인간이 되셔서 우리와 관계를 맺고 인간의 문제를 해결하셨다. 예수님께서 문제를 해결하는 방법은 인간에게로 관심을 이동하는 일이었다. 이것은 오늘날 우리가 인간 문제를 해결하는데 그대로 적용할 수 있는 좋은 모델이다. 지금 인간관계가 잘 풀리지 않는 사람이 있다면 자신을 낮추고 관심을 상대방에게 이동해 보자. 상대방의 입장에서 이해하고 방법을 찾아보면 접촉점이 생길 것이다.

# 상대방을 인정하고 존중하라

저명한 연설가이자 미국의 판매왕으로 올랐던 레스 기블린은 "사람은 누구나 이기적이다. 사람은 누구나 다른 사람보다는 자기 자신에게 더 관심이 많다. 사람은 누구나 다른 사람으로부터 존경과 인정을 받고 싶어 한다. 좋은 인간관계를 유지하고 싶다면 이 세 가지 사실을 기억하라."

사람은 자신을 인정해 주는 사람을 좋아한다. 누구든지 자신을 인정해 주는 사람에게 끌리게 된다. 자기를 인격적으로 존중해 주면 자연히 그를 따르게 된다. 이것이 인간의 심리다. 인간은 동물과 달라서 감각 이상의 능력을 가지고 있다. 그것은 영적인 감각이다. 마음과 영혼은 설명하지 않아도 안다.

말을 들으면 틀린 것이 없는데도 왠지 그냥 싫은 사람이 있다. 여기에서는 이유나 논리가 필요 없다. 말로 표현하기 어렵지만 그냥 싫다. 이런 경우는 마음과 영혼에 문제가 생겼기 때문이다. 예를 들어, 은근히 자신을 무시하거나 비하하는 듯한 태도를 보이면 무조건 그 사람이 싫게 느껴진다. 그것은 말투와 어감과 인상과 느낌에서 알 수 있다.

인간의 마음은 아무리 속이려고 해도 그것이 밖으로 드러난다. 같이 있다 보면 상대방의 마음을 느낄 수 있다. 마음을 잠시는 속일 수 있다. 그렇지만 작은 행동 하나하나를 보면 그 사람의 마음을 알 수 있다.

사람에게는 행동보다 마음이 더 중요하다. 물론 처음에는 마음을 알 수 없기에 행동을 보고 사람에게 호감을 갖는다. 매너와 인상과 말투를 보고 사람을 평가한다. 그렇지만 그것이 사람의 전부는 아니다. 그것은 잠시 동안 충분히 속일 수 있다. 마치 사기꾼이 다가와 친절하게 대하는 것과 같다.

그러나 오래 지내다 보면 그 마음이 들키게 된다. 속에 있는 마음이 은연 중에 드러나기 때문이다. 사람을 존중하고 인정하는 것은 진정으로 해야 한다. 그냥 겉모습 정도가 되면 안 된다. 사람은 겉으로 말하지만 마음으로 읽기 때문이다. 마음과 성품을 다하여 상대방을 존중하고 인정하면 상대방은 언젠가는 그 진심을 알게 된다. 이렇게 인간관계를 맺으면 가장 좋다.

나중에 본심을 알게 될 때 갖는 배신감은 이루 말할 수 없다. 그래서 사람들은 행동을 보면서 늘 마음을 알고자 한다. 마음으로부터 상대방을 존중하자. 그리고 인정하자. 그렇게 되면 상대방은 언젠가 나에게 그 마음을 알고 감동하게 될 것이다. 이런 인간관계는 오래 지속된다. 그리고 이런 친구는 함께 있는 것만으로도 행복하다.

우리는 늘 진정성을 가지고 상대방을 존중하고 인정해 주도록 힘써야 한다. 상대방이 미처 발견하지 못한 부분을 찾아 그것을 인정하고 존중한다면 상대방은 나를 좋아하게 될 것이다. 이렇게 하기 위해서는 자신을 존중하고 인정하는 것이 우선이다. 자신을 인정하고 존중하는 사람이 다른 사람도 그렇게 대하기 때문이다.

# 우정의 관계를 맺어라

런던 타임즈가 친구의 정의에 대해서 현상 모집을 한 일이 있었다. 3등으로 당선된 대답은. "친구란 기쁨을 더해 주고 슬픔을 나누는 자이다." 또 2등으로 당선된 것은 "친구란 한 보따리의 동전이다." 그저 내 모든 사정을 다 이해하고 동정하는 친구라는 의미다. 그리고 1등으로 당선된 대답은 "친구란 세상 모든 사람이 나를 버릴 때 그때 내게 오는 자가 진정한 친구다."

사람들은 친구를 좋아한다. 왜 친구가 좋은가? 친구는 늘 같이 있어 주는 사람이다. 비난하거나 지적하거나 망신을 주지 않는다. 함께 울어 주고 함께 웃어 주는 그런 사이가 우정의 관계다. 사랑스럽고 친밀하고 성실한 관계의 근원은 우정에 있다. 좋은 친구는 서로에게 충실하고 희생하고 같이 있어 주며, 모두 달아날 때 옆에 있어 주는 사람이다. 또 좋은 친구는 다른 사람 앞에서 친구를 비

257

난하지 않고 끝까지 변호해 주며, 받기보다는 주려고 한다. 대가를 바라지 않고 거저 준다.

좋은 관계를 갖는 사람은 우정의 끈이 들어 있다. 부부관계도 처음에는 우정 관계로 시작하여 연애를 하고 결혼을 한다. 시간이 갈수록 친구 관계가 사라진다. 인간의 처음 순간은 우정의 단계에서 시작한다. 가장 편안하고 순수하고 친밀한 관계다. 그래서 사람들은 친구를 좋아한다.

우정의 관계는 부부가 된다고 해서 사라지는 것이 아니다. 좋은 부부는 우정의 모습을 담고 있다. 때로는 남편 같지만 때로는 친구 같은 남편이 좋은 남편이다. 부모도 마찬가지이다. 엄격한 아버지로서 권위를 필요로 하지만 때로는 친구 같은 다정함과 친밀함을 주는 아버지가 좋은 아버지다.

친구는 부담이 없는 사이다. 거기에는 조건이 없다. 그냥 친구로서 관계를 맺는다. 그래서 순수하고 친밀하고 희생을 기꺼이 한다. 이런 우정의 관계는 생각만 해도 아름답다. 사람과 관계를 맺는데 친구처럼 좋은 것은 없다. 우리가 인간관계를 가질 때도 우정의 관계가 필요하다. 친구처럼 순수함을 가질 때 인간관계는 오래간다. 우정은 모든 인간관계에 필요하다. 이것이 없으면 냉랭하고 사무적이 된다.

예수님께서는 하나님의 아들이시다. 우리가 감히 넘볼 수 없는 거룩한 분이시다. 그럼에도 세상에 오신 예수님은 친구로서 우리에게 다가오시고 우리를 위해 희생을 하셨다. 예수님과 우리 관계가 창조주와 피조물의 관계로서만 존재한다고 하면 어떨까? 아마 지금처럼 우리가 감격하면서 편안하게 주님을 사랑하기 어려울 것이다.

우리는 흔히 신앙과 우정을 별개로 생각한다. 그러나 신앙 역시 우정이 전제되지 못하면 메마른 관계가 되고 엄격해진다. 이렇게 되면 신앙이 피곤하고 의무가 된다. 우정의 관계를 신앙 속에서도 회복할 필요가 있다. 그럴 때 우리의 신앙은 더 친밀한 관계로 살아 있는 모습이 된다. 예수님께서는 우리와 관계를 자녀로서도 존재하지만 또한 친구로서 관계를 갖기 원하신다.

"너희는 내가 명하는 대로 행하면 곧 나의 친구라 이제부터는 너희를 종이라 하지 아니하리니 종은 주인의 하는 것을 알지 못함이라 너희를 친구라 하였노니 내가 내 아버지께 들은 것을 다 너희에게 알게 하였음이라"(요 15:14-15)

성경의 인물들은 하나님과 친구로서 관계를 가졌다. 이것은 우리들이 본받아야 할 모습이다. 믿음의 조상이라고 불리는 아브라함은 하나님과 관계에서 친구라 여김을 받았다. 얼마나 하나님과 친밀했으면 이런 말을 들었을까 하는 생각이 든다.

"아브라함이 하나님을 믿으니 이것을 의로 여기셨다는 말씀이 이루어졌고 그는 하나님의 벗이라 칭함을 받았나니"(약 2:23)

예수님께서는 사람들과 만남을 친구로서 친근하게 다가오셨고 함께하셨다. 그래서 바리새인과 서기관들은 예수님을 향해 이렇게 말했다. 예수님을 비난하는 사람들의 표현이니까 정확한 이야기라 본다.

> "인자는 와서 먹고 마시매 너희 말이 보라 먹기를 탐하고 포도주를 즐기는 사람이요 세리와 죄인의 친구로다 하니"(눅 7:34)

가장 좋은 인간관계는 친구로서 우정으로 대하는 것이다. 이렇게 하면 누구든지 당신을 좋아하게 될 것이다. 그리고 많은 사람들이 당신을 따르게 될 것이다. 왜 사람들이 나를 떠나는가. 그것은 더 이상 우정의 관계로서 모습을 발견하지 못했기 때문이 아닐까?

> "만약 누군가를 당신 편으로 만들고 싶다면 먼저 당신이 그의 진정한 친구라는 확신을 심어 주어라"(에이브러험 링컨)

## tip

### 친구가 좋은 점

- 상호의존적이다
- 자발적이다
- 즐겁다
- 순수하다
- 수평적이다
- 친밀하다

# 상대방과 눈높이를 맞춰라

눈높이가 같으면 인간관계가 편하다. 그러나 눈높이가 다르면 서로 불편하다. 인간관계가 원만하지 못하면 눈높이가 다른 데서 오는 현상이라 보면 된다. 사람마다 시각이 다르기에 서로 눈높이를 맞춘다는 것은 어렵다. 그러나 인간관계를 맺고 싶다면 어느 한 사람이 먼저 눈높이를 맞추어야 한다. 물론 서로 눈높이를 맞추면 더욱 좋다. 이런 관계는 말 그대로 천생연분이다. 이런 사람은 인간관계에 별 문제가 없다. 좋은 부부는 서로의 눈높이에서 대화하고 상대방을 배려하는 그런 사이다. 같이 맞추기 힘들면 먼저 한 사람이 눈높이를 맞추어서 상대방과 대화하도록 하자.

하나님께서 예수님이 되시어 인간의 모양으로 세상에 내려오신 것은 눈높이를 맞춘 대표적인 예이다. 하나님께서 그렇게 하셨다면 우리가 할 수 없다고 말하는 것은 교만이다. 가끔 "나는 절대로 그렇게 못한다."고 말하면서 거부하는 사람들이 있다. 그것은 상대방을 사랑하지 않기 때문이다. 상대방을 사랑하면 자신을 낮추는 것은 그리 어려운 일이 아니다.

하나님께서 인간 예수가 되시어 우리 눈높이로 오지 않으셨다면 인간은 불행한 상태가 되었을 것이다. 만약 하나님께서 인간이 되는 문제를 놓고 "나는 절대로 그렇게 못해. 어떻게 하나님이 인간이 될 수 있어. 말도 안 되는 일이야!"라고 했다면 결과는 상상만 해도 끔찍하다. 우리에게 다가오신 주님을 생각하면 정말 감격이다. 이런 은혜를 아는 그리스도인이라면 어떤 상황에서도 "나는 할 수 없어!"라고 말하면 배은망덕한 일이다.

아버지가 아이와 같이 놀기 위해서는 방바닥에 누워서 눈을 맞대고 어린아이처럼 되는 일이 우선이다. 아이와 즐겁게 놀고 있는 아버지의 모습을 본적이 있는가? 촌스럽고 우스꽝스럽다. 어른으로서 체면을 구길 수 있다. 그러나 아이를 사랑하면 그것은 전혀 문제가 안 된다. 오히려 그런 모습이 아름답고 부럽기까지 한다.

보통 사람들은 내가 먼저 내려와서 상대방의 눈높이에 맞추는 것을 힘들어 한다. 끝까지 자기 위치를 고집하며 대화하려는 사람이 있다. 이런 사람과는 대화가 힘들다. 결국 인간관계도 친밀하지 못하다. 상대방보다 자기를 낮추는 것이 익숙해야 하는데 우리는 그렇지 못하다. 인간관계가 힘든 사람은 여기에서 접촉점을 찾지 못한다. 어느 누구도 자신의 자리를 내려오는 것을 용납하지 않는다. 그리고 상대방에게 요구한다.

주님을 따르는 제자는 자기를 먼저 낮추어 상대방과 눈높이를 맞추는 사람이다. 우리는 이것에 부름을 받았다. 자기를 낮추고 마음을 비워 상대방과 같아지는 것을 이상하게 생각하거나 부끄러워하지 말아야 한다. 우리가 이렇게 못하는 것은 자존심 때문이다. '내가 누구인데…' 하면서 자기의 위치를 고집하면 서로를 보지 못한다. 위나 아래에서 보면 상대방을 제대로 볼 수 없다. 동등한 입장에서 서 있을 때 서로가 잘 보인다.

종종 상대방의 입장이 되어 보는 것이 필요하다. 좋은 인간관계를 갖기 위해서는 상대방에 대한 이해가 정확해야 한다. 상대방을 제대로 볼 수 있어야 한다. 그렇게 하려면 당연히 같은 수준에 있을 때 가장 잘 보인다. 사람이 올라가는 것도 어렵지만 한 번 올라간 자리를 내려오는 것은 더욱더 어렵다. 사람은 자신만이 한없이 높아지려는 습성이 있다. 거기서 즐거움을 얻는다. 그러나 그것은 인간관계를 파괴하는 암과 같다. 이런 상태가 지속되면 점차 인간관계는 멀어진다.

# 상대방이 원하는 것을 얻도록 도와줘라

미국의 심리학자 매슬로우(Abraham H. Maslow)는 인간의 욕구를 5단계로 주장했다. 매슬로우가 주장하는 다섯 단계를 간단하게 정리하면 다음과 같다. ① 생리적 욕구 : 가장 낮은 단계로 인간의 가장 기본적인 욕구로 배고픔이나 갈증이 여기에 해당한다. ② 안전 욕구 : 신체적인 위협이나 불확실성에서 벗어나고자 하는 욕구. 일상의 안전, 보호, 안정 등에 대한 욕구가 여기에 해당된다. ③ 소속 욕구 : 안전 욕구가 충족되면 사람들은 다른 사람들과 관계를 맺고 소속감과 애정을 나누고 싶어 한다. ④ 존경 욕구 : 다른 사람들로부터 자신의 능력에 대해 인정받고 싶어 하는 욕구이다. 존경에 대한 욕구가 충족되지 못하면 사람들은 열등감과 무력감에 빠지기도 한다. ⑤ 자아실현 욕구 : 자신의 잠재적인 능력을 최대한 발휘하고 창조적으로 자기의 가능성을 실현하고자 하는 욕구이다.

매슬로우가 주장하는 욕구 5단계는 보편적으로 알려진 인간의 욕구 이론이다. 이것을 참조하면 좋은 인간관계를 맺는데 도움을 받을 수 있다. 인간관계는 세 번째의 소속 욕구와 네 번째 존경 욕구에서 결정된다. 생리적 욕구와 안전 욕구는 인간이 갖는 가장 기본적인 욕구다. 대다수 사람들은 1-2단계에 머문다.

그는 "인간의 욕구가 완전히 만족한 상태에 있는 것은 잠깐이다. 어떤 욕구가 충족되면 다른 욕구가 생긴다. 그 욕구가 충족되면 또 그 다음의 욕구가 생긴다. 욕구에는 단계가 있어서 맨 아래 단계의 욕구가 가장 강하고 그 욕구가 어느 정도까지 충족되지 않으면 다음 단계의 욕구는 행동을 일으키는 원인이 되기 어렵다."고 말한다.

그러나 필자가 보기에는 사람에 따라 다르게 나타날 수도 있다고 본다. 각 단계가 어느 정도 충족되면 서로 보완이 되어 완전하게 충족이 안 되어도 다음 단계에 이를 수 있다. 또한 6단계로 영적인 욕구가 포함되어야 한다고 본다. 인간은 종교성을 갖고 있기 때문이다. 이것은 마지막 단계에 채워지는 것이 아닌 1-5단계에 어느 상태에서도 적용될 수 있다고 생각한다.

한 조사에 의하면 우리나라 국민 90% 가까이 저소득계층에 속한다고 답했다. 외적으로는 10위의 경제대국이지만 피부로 느끼는 삶의 만족도는 최하위인 것을 볼 수 있다. 욕구가 충족되어야 행복감을 가질 수 있다. 그러나 우리나라는 이 부분이 취약하다. 정부가 정치를 잘하려면 국민의 이런 욕구를 채워주어야 한다.

인간관계도 마찬가지다. 서로 만나면서 매슬로우가 주장하는 5

단계 중에 어느 하나만 충족이 된다면 그것은 성공적이다. 적어도 관계의 접촉점이 생기기 때문이다. 상대방의 욕구를 잘 파악하여 그것을 채워주면 인간관계는 무리 없이 진행된다. 개인에 해당되는 물질적이며 생리적인 것에서 시작하여 이웃과 관계와 연관을 가지면서 점차 자신의 내적과 영적인 만족을 이루는 고차원 방향으로 나가도록 하면 좋을 것이다.

인간의 욕구는 사람마다 다르다. 만족감의 정도도 차이가 있다. 모든 단계가 완벽하게 이루어질 수는 없다. 이중에 어느 한 부분이라도 채워진다면 거기서 나름대로 만족을 얻는 것이 중요하다. 가능한 내적이고 영적인 부분에 만족감을 얻으면 좋을 것이다.

인간관계를 할 때 이것을 잘 파악하여 상대방에 따라 필요한 것을 채워주도록 하자. 물론 이것들을 다 채워줄 수 없다. 그러나 그것을 갖도록 도와줄 수는 있다. 설사 육신적인 것과 안전함을 충족시켜 주지 못해도 영적인 것은 누구나 얻을 수 있다. 다른 욕구는 당장 조건과 환경이 갖추어야 가능하다. 그러나 영적인 욕구는 지금 당장 얻을 수 있다. 하나님의 은혜가 임하면 누구에게나 가장 큰 욕구를 얻게 된다. 그렇게 되면 다른 욕구가 부족해도 충분히 만족함을 얻을 수 있다.

매슬로우는 각 단계가 다 채워져야 다음 단계로 갈 수 있다고 하지만 영적인 것은 다르다. 1-5단계가 다 채워져야 영적인 것이 주어지는 것이 아닌 오히려 그것이 부족해도 해도 얻을 수 있다. 세상의 다른 것은 부족해도 하나님을 만나면 부족한 세상의 욕구가 해결이 되면서 자족하는 상태가 된다. 가능한 이런 인간관계를 이루면 좋을 것이다.

인간의 욕구는 만족함이 없기에 쉬지 않고 진화하고 발전한다. 그래서 인간의 욕구를 따라간다는 것은 현실적으로 어렵고 위험하다. 욕구를 적당하게 절제하지 않으면 자칫 중독에 빠질 수 있고 욕망에 따른 삶이 된다. 욕구를 계속 충족하려고 하기 보다는 현재 주어진 상태에서 만족하는 것이 필요하다. 이것은 영적인 욕구가 채워지면 가능하다. 바울과 같은 모습을 지니는 것이 가장 바람직하다.

> "내가 궁핍하므로 말하는 것이 아니니라 어떠한 형편에든지 나는 자족하기를 배웠노니 나는 비천에 처할 줄도 알고 풍부에 처할 줄도 알아 모든 일 곧 배부름과 배고픔과 풍부와 궁핍에도 처할 줄 아는 일체의 비결을 배웠노라"(빌 4:11)

# 상대방을 대하는 태도가 중요하다

하버드경영대학원의 한 보고서에 따르면 기업 성공의 핵심적인 4가지 요소 중 중요 순위를 따져보면 정보와 지능 그리고 기술을 합쳐도 불과 전체의 성공 요인 중 7%에 불과하다. 나머지 93%는 바로 태도가 차지한다. 즉 기업이 긍정적이냐 부정적이냐에 따라 그 기업의 성공을 93%나 좌우한다는 것이다. 또 데니스 웨이트리(Denis Waitley)는 『승자의 강점』(Winner's Edge)이라는 책에서 "승자의 강점이란 좋은 출신 배경, 높은 IQ 또는 재능, 적성에 있는 것이 아니라 태도에 있다."고 했다.

태도는 외적으로 드러난 나의 모습이다. 자기 내면의 감정은 외적인 태도로 나타난다. 그래서 태도는 그 사람의 전부일 수 있다. 사람을 대하는 태도를 보면 그 사람이 누구인지를 알 수 있다. 태도는 한 개인이 어떤 사람인지를 그대로 보여주는 지표와 같다.

태도는 인간관계의 성공 실패를 좌우한다. 똑같은 상황이라도 그 사람의 태도의 여하에 따라 상황이 달라지는데, 예를 들어 긍정적인 태도를 가진 사람은 상황이 부정적이라도 긍정적으로 본다는 것이다.

태도는 마음가짐이다. 그것은 자신감과도 연결된다. 태도란 우리가 세상에 접근하는 방법이다. 문제를 바라보는 시각이라 보면 된다. 태도에 따라 사물을 보는 것이 달라진다. 상대방을 보는 것은 나의 마음가짐과 태도에서 결정된다. 상대방의 모습보다 내가 가지고 있는 사람에 대한 태도가 행동을 결정한다. 이런 점에서 태도는 모든 일의 출발점이 된다.

인간관계를 원만하게 하기 위해서는 평소에 좋은 태도를 길러야 한다. 늘 긍정적으로 보는 태도를 가지도록 해야 한다. 그렇지 않으면 사사건건 모든 것이 문제로 나에게 닥친다. 사람의 보는 관점에 따라 사건은 달라질 수 있다. 우리가 화를 내는 것도 나의 관점에서 화를 내는 것이다. 내가 화를 내는 상황이 모든 사람이 화를 내는 것은 아니다. 어떤 사람은 아무런 문제가 안 될 수 있다. 그런데 나는 화가 치민다. 왜 그럴까? 그것은 나의 태도에 문제가 있기 때문이다. 쉽게 사람을 판단하거나, 상대방의 속마음을 보지 않고 겉모습을 보는 평소의 태도에서 그런 현상이 나타날 수 있다.

나는 상대방을 대할 때 어떻게 대하는지 살펴보면 문제를 미리 파악할 수 있다. 예를 들면, 사람을 대할 때 퉁명스럽게 말을 하지 않는가? 아니면 예의 없이 굴지는 않는가? 또 주의 깊게 대하지 않고 건성으로 대하지 않는가? 등을 보면 나의 사람에 대한 태도를 점검할 수 있다. 평상시 사람을 대하는 습관이 상대방에게 그대로 드러난다. 그것이 상대방의 기분을 상하게 하고 나에 대한 부정적인 이미지를 갖게 만든다.

사람을 대할 때 처음 보는 것은 태도이다. 그래서 누구든지 사람을 대할 때 친절하고 예의 바르고 미소를 짓고 배려하는 태도를 지니는 것이 매우 중요하다. 가능한 몸에 배도록 습관화하는 것이 필요하다. 이것을 위해서는 긍정적인 관점을 가져야 한다. 하나님의 눈에서 바라보고 당장을 보기 보다는 미래를 보면서 사람을 대하는 것도 한 방법이다.

"내 형제들아 너희가 여러 가지 시험을 당하거든 온전히 기쁘게 여기라"(약 1:2)

# 영감을 줘라

상대방에게 호감을 얻는 방법은 그에게 영감을 주면 된다. 이것은 최고의 선물이다. 그렇게 하려면 평소에 알고 있는 것과 보는 것과 느끼는 것을 통합하는 능력을 가져야 한다. 영감은 어느 한 부분에서 나오는 것이 아니다. 전체에서 주어지는 전인적인 능력이다.

에디슨이 말한 1% 영감은 99%의 노력을 이끌어 내는 힘이다. 만약 1%의 영감이 없다면 99%의 노력은 힘들 것이다. 99%의 노력만큼 1%의 영감도 중요하다. 99%의 노력은 자신이 감당해야 할 부분이다. 그러나 1% 영감은 외부로부터 주어지는 것이다. 상대방을 만나서 이런 영감을 준다면 상대방은 나를 자주 만나고 싶어 할 것이다. 내가 상대방에게 영감을 얻는 존재라는 것은 생각만 해도 기분 좋은 일이다.

내가 상대방에게 영감을 주는 존재가 되려면 평소에 그런 훈련을 해야 한다. 보고 듣고 배우고 느끼는 것을 꾸준히 해야 한다. 다시 말하면 지속적인 배움이 필요하다. 특히 영감은 하나님으로부터 주어진다. 하나님과 깊은 교제를 통하여 하늘로부터 오는 지혜를 얻는다면 인간관계를 이루는데 매우 유익하다.

사람을 만나는 이유 중에 하나는 아이디어와 정보와 영감을 얻기 위해서이다. 그래서 만나서 대화하고 나누고 교제하는 것이다. 그중에서 영감은 모든 것을 결정하는 힘이 된다. 영감을 얻기 위해서는 성경을 읽는 것이 도움이 된다. 성경 속에는 영감을 주는 지혜가 가득 차 있다. 세상의 책은 지식을 주지만 성경은 지혜를 준다. 실제적인 삶으로 적용할 수 있는 힘을 준다.

우리가 어떤 일을 행할 때 주저하는 것은 영감이 떠오르지 않기 때문이다. 그것은 인간이 노력한다고 되는 것이 아닌 갑자기 번개처럼 스치는 하늘에서 주시는 선물이다. 내가 줄 수 없으면 상대방을 위해서 하나님께 지혜를 달라고 기도하는 것도 한 방법이다. 나에게 기도해 줄 수 있는 존재가 있다는 것은 행복하다. 그것을 상대방이 느낀다면 상대방은 나를 좋아하게 될 것이다.

말씀과 기도에 충실한 사람을 만나면 영감을 얻을 수 있다. 나와의 만남을 통해 상대방이 자연스럽게 영감을 얻게 된다면 이보다 멋진 일은 없다. 이런 사람과 만남은 늘 기대가 되고 뜻하지 않는 선물을 얻게 된다. 내가 상대방에게 영감을 얻는 존재로 인식되는 것은 인간관계를 성공적으로 이루는 최고의 비결이다.

교회의 모임은 세상의 모임과 다르다. 세상은 인간적인 욕심과 즐거움에 관심이 있지만 신앙인의 모임은 늘 하나님의 뜻을 생각한다. 이런 점에서 차이가 난다. 신앙인들과 함께하는 시간이 많으면 많을수록 영감을 얻을 수 있는 기회는 많아진다. 영감은 부분에서는 얻어지기 어렵다. 전체를 보는 시야에서 영감이 온다. 현재만 가지고는 안 된다. 과거, 현재, 미래가 같이 연결될 때 통찰력이 생긴다. 영감을 얻기 위해서는 폭넓은 지식과 아울러 풍부한 마음과 넓은 사고를 가져야 한다. 생각이 좁은 사람은 영감이 없다. 어리석은 생각에 사로잡히기 쉽다.

인간관계가 힘든 것은 영감의 부족에서 온다. 당장의 유익만 보거나 나타난 행동만 판단하다 보니 갈등이 생기는 것이다. 오히려 그런 갈등을 더 나은 것을 얻는 기회로 삼을 수 있다. 영감을 얻는 사람은 성공보다는 실패에서 얻는다. 영감은 실수를 통해서 주어진다. 힘든 갈등과 고난 속에서 통찰력이 생긴다. 인간관계가 힘들다는 것은 바꾸어 말하면, 곧 거기에 영감이 많이 들어 있음을 의미한다. 그 보화를 캐내는 것은 아무나 하는 것이 아니다. 보통 사람은 그것을 쓰레기통에 버리지만 지혜로운 사람은 그 안에서 진주와 같은 영감을 찾아낸다.

그리스의 철학자 소크라테스의 아내는 악처로 유명하다. 한 번은 아내가 소크라테스에게 잔소리를 퍼부은 뒤 그래도 성이 안 찼는지 물통에 담긴 물을 소크라테스의 머리에 부어버렸다. 그러나 소크라테스는 빙긋이 웃으며 "천둥이 친 다음에는 소나기가 오게 마련이지."라고 말하며 웃었다. "아니, 어떻게 대철학자가 저런 부인과 사는가?" 주위에서 물어볼 때마다 그는 이렇게 대답했다. "사나운 말을 타고 연습을 하면 어떤 말도 다룰 수 있지. 아내를 다룰 수 있다면 어떤 사람인들 다루지 못하겠나."

소크라테스와 부인은 우리로 말하면 아주 힘든 관계다. 이혼할 수밖에 없는 좋지 않은, 즉 인간관계의 최악의 조건을 가진 사람이다. 그러나 소크라테스는 이런 환경을 통해 철학하는 법을 배우고 자기를 훈련하여 위대한 철학자가 되었다.

편안한 곳에서는 영감이 주어지지 않는다. 풀 수 없는 인간 사이 속에서 그것을 슬기롭게 풀어내는 능력은 영감에서 온다. 혹시 상대방이 힘든 사람이라고 느껴지는가? 오히려 그런 기회를 영감과 지혜를 얻는 순간으로 삼으라. 이런 사람을 하나님께서 나에게 주셨다면 그럴만한 이유가 있을 것이다. 하늘의 지혜를 구하라. 그러면 해결 못할 인간관계는 없다.

"너희 중에 누구든지 지혜가 부족하거든 모든 사람에게 후히 주시고 꾸짖지 아니하시는 하나님께 구하라 그리하면 주시리라"(약 1:5)

# 상대의 허물이 보일 때는 이렇게 하라

인간관계에서 가장 힘든 때는 상대방이 자신의 허물을 들추어낼 때이다. 반대로 말하면 상대방의 허물이 자꾸 보일 때이다. 허물은 나의 입장에서나 상대방의 입장에서나 모두가 힘들다. 특히 상대방의 허물이 보이면 많은 사람들은 허물을 들추어내며 험담을 하거나 비난을 한다. 기회는 이때다 싶어 그것을 집중적으로 공격하는 사람도 있다. 가끔 인기 있는 연예인이 어쩌다 잘못을 저질렀을 때 수많은 댓글로 집중 포화를 던지는 것을 본다. 너무나 괴로워 그것을 견디지 못해 자살로 생을 마치는 사람도 있다.

멀리서 보면 좋은 사람이 가까이 가면 허물이 보여 실망할 때가 많다. 그래서 친할수록 너무 가깝게 있지 말라고 말한다. 인간은 너무 멀리 있으면 거리감이 있고 너무 가까이 있다 보면 허물이 보이는 법이다. 적당한 거리를 유지하는 것이 인간관계를 지속하는

275

비결이다.

세상에 허물없는 사람은 없다. 흔히 털어서 먼지 안 나는 사람이 없다고 말한다. 모든 인간은 흠과 죄가 있다. 나에게 없는 흠이 상대방에게 있는 경우도 있고 나에게 있는 흠이 상대방에게는 없는 경우도 있다. 이렇게 보면 서로가 같은 입장이다.

그런데 왜 상대방의 허물이 더 크게 보일까? 그것은 자기 입장에서 보기 때문이다. 내가 보는 기준이 꼭 맞는 것은 아니다. 다른 사람이 볼 때는 또 다르게 느껴진다. 틀린 것이 아니라 다르게 보일 뿐이다. 그렇다면 잘못된 것이라고 비난을 하거나 상대방을 책망하는 경우는 정말 조심해야 한다. 그렇게 비난하다가 오히려 자기가 그 비난을 역으로 받을 수 있다. 그래서 성경은 우리에게 이렇게 권면하고 있다.

"비판을 받지 아니하려거든 비판하지 말라 너희가 비판하는 그 비판으로 너희가 비판을 받을 것이요 너희가 헤아리는 그 헤아림으로 너희가 헤아림을 받을 것이니라 어찌하여 형제의 눈 속에 있는 티는 보고 네 눈 속에 있는 들보는 깨닫지 못하느냐 보라 네 눈 속에 들보가 있는데 어찌하여 형제에게 말하기를 나로 네 눈 속에 있는 티를 빼게 하라 하겠느냐 외식하는 자여 먼저 네 눈 속에서 들보를 빼어라 그 후에야 밝히 보고 형제의 눈 속에서 티를 빼리라 "(마 7:1-5)

그럼에도 상대방의 허물이 보일 때는 어떻게 하면 좋을까? 이것은 해결하기가 쉽지 않다. 많은 인간관계가 이 부분만 잘 해결되어도 좋은 관계가 지속된다.

공자는 "세 명이 함께 길을 간다면 거기에는 반드시 나의 스승이 있다. 그들의 좋은 점은 골라서 배우고 나쁜 점은 골라서 나 자신을 고치는 기회로 삼으라."라고 했다. 가능한 상대방의 장점을 찾아보면 장점으로 인해 허물이 감추어진다.

장점을 중심으로 보는 훈련이 필요하다. 아무리 싫어하고 허물이 많은 사람도 그만이 가지고 있는 장점이 있다. 내가 배울 점이 있다. 그에게 숨어 있는 장점을 찾아 배우고 적용하면 그 사람과 관계를 맺는 것이 의미가 있다. 그리고 그 장점을 칭찬하고 격려하면 상대방은 나를 좋아하게 될 것이다. 점차 좋은 관계로 발전될 것이다.

그래도 허물이 자꾸 마음에 걸려 소화하기 힘들거든 이렇게 해보라. 상대방의 나쁜 점이 보이거든 그것이 나에게도 있는 점이라고 생각하고 나의 약점을 고치는 기회로 삼도록 하라. 상대방에게 있는 허물은 결국 나에게도 있는 것이다. 나에게 그것이 보인다는 것은 나에게도 있다는 것이다. 상대방에게만 있는 것이 아니다. 약간 정도의 차이만 있을 뿐 본질은 다 같다. 어떤 경우는 내가 더 할 수도 있다. 오히려 그런 허물을 보면서 기도하고 긍휼히 여기며 하나님의 은혜가 임하기를 기도하면 좋을 것이다. 이번 기회에 상대방을 중보하는 시간을 삼으면 좋다. 나에게 이런 사람을 붙여주신 것은, 그리고 나에게 그런 허물이 보이는 것은 나로 하여금 기도하게 하는 사명을 주셨다고 보면 될 것이다.

상대방의 허물이 보이는 것은 나의 모습을 거울로 보는 것과 같다. 상대방의 허물로만 보지 말고 나의 허물을 대신 비추어 주는 거울이라 생각하고 그것을 고치는데 노력해 보자. 모든 것이 내 마음에 꼭 맞는 사람을 만난다는 것은 불가능하다. 보이는 허물을 감싸고 덮어주며 그것을 통해서 한걸음 발전해 나가는 것이 더 중요하다. 하나님께서는 나의 허물이 많음에도 불구하고 여전히 나를 사랑하시고, 나와 관계를 맺고 계신다는 것을 생각하면 다른 사람의 허물을 쉽게 받아들이게 될 것이다.

# 철이 철을 날카롭게 한다

인간이 사는 곳이면 어디든지 사람과의 갈등이 존재한다. 왜 사람들이 사는 사회는 늘 부딪치고 갈등 속에서 살아야 하는가? 나와 맞는 사람보다 그렇지 못한 사람이 많은 이유는 무엇일까? 하는 의문이 생긴다. 이상하게도 피하고 싶은 사람들을 자꾸 만나게 된다. 학교를 졸업하고 결혼하면 괜찮으려니 하지만 사실은 그렇지 않다.

부부 사이를 잘 풀어낸다는 것 역시 보통 문제가 아니다. 또 아이를 낳으면 자녀와의 관계 역시 만만치 않다. 직장에 가면 거기 역시 또 다른 어려운 사람들이 나를 기다리고 있다. 인간의 갈등은 인간사회에서 피할 수 없는 일이다. 그렇다면 그것을 즐기는 편이 지혜로운 방법이다. 어떻게 하면 인간관계의 갈등을 해결할 수 있을까? 갈등이 생겼을 때 어떻게 상대방의 모습을 용납할 수 있는가? 하는 문제는 평생 해결해야 하는 인간의 숙제다.

인간의 삶은 고난의 연속이다. 고난을 완전히 피하려면 무덤에 가는 길 이외 다른 방법이 없다. 평생 고난과 갈등을 안고 사는 것이 인간이다. 이것을 해결하는 방법은 오직 하나다. 피할 수 없다면 고난을 즐기는 방법을 찾으라. 고난과 환란이 올 때 피하지 말고 그것을 이기는 법을 찾는 것이 현명하다. 이기되 억지가 아닌 즐겁게 이기는 법을 배우는 것이 인생을 잘 사는 길이다.

그런데 많은 사람들은 이런 고난과 갈등을 피하려고 한다. 이것을 피하기 위해 이리저리 도망 다니는 사람이 있다. 그런 사람들은 더 이상 도망 갈 곳이 없으면 선택하는 것이 자살이다. 자살을 하는 사람들은 이런 인간관계를 해결하지 못할 때  내리는 도피를 위한 최종 선택이다.


사람이 만나는 곳에는 어디든지 갈등이 존재한다. 어떻게 갈등을 해결할까? 인간의 갈등과 고난이 닥치는 종류는 크게 3가지가 있다. 먼저 이것을 이해할 필요가 있다.

첫째, 나의 죄로 인해서 닥치는 고난과 갈등이다. 이것은 내가 책임져야 한다. 이것은 부끄러운 고난이라고도 말한다. 죄 때문에 생긴 것이기에 내가 그 죄의 대가를 받는 것이다. 이것은 그대로 그것을 받아들이는 것이 훨씬 쉽다. 남에게 전가하는 것은 더욱 더 문제를 크게 만든다.

둘째, 타인이 잘못해서 생기는 갈등이다. 이것은 내 힘으로 해결할 수 없는 것이다. 상대방이 해결해야 한다. 그런데 문제는 상대방의 잘못으로 인해 나에게 피해가 온다는데 억울함이 있다. 이것은 상대방이 문제를 해결할 때까지 기다려야 하고 내가 어느 정도 같이 감당하면서 서로 문제를 풀어가야 한다. 상대방의 죄를 담당해야 하는 억울함이 존재한다. 인간적으로 볼 때는 이런 경우에 참기가 어렵지만 잘 견디면 서로에게 유익이 된다.

셋째, 이해가 잘 안 되는 고난과 갈등이다. 살다보면 우리는 도저히 이해할 수 없는 고난과 갈등을 겪는 경우가 있다. 이것은 우리 힘으로 해결할 수 없는 우리의 통제 밖을 벗어난 것이다. 이것은 선한 일을 하려다가 생기는 갈등이 주로 여기에 해당된다. 이것에는 우리가 알 수 없는 하나님의 섭리가 있다. 애매한 고난이지만 잘 참으면 오히려 나를 아름답게 만든다. 이것은 나를 단련하고 더 좋게 만들기 위한 하나님이 허락한 갈등과 고난이다.

인간적인 관계에서 갈등과 역경을 만났을 때 그것을 대처하는데 세 종류의 사람이 있다.

첫째, 역경에 무릎을 꿇는 사람이다. 둘째, 분노하는 사람이다. 셋째, 인내심을 가지고 이기는 사람이다. 물론 여기서 가장 좋은 사람은 세 번째다. 우리에게 닥친 인간관계의 갈등을 해결하기 위해서는 먼저 닥친 문제를 잘 이해하고 그것을 긍정적으로 대처하는 것이 필요하다.

왜 하나님께서는 우리에게 인간적인 갈등과 역경을 주시는가? 그것은 우리를 더 강한 사람으로 만들기 위해서다. 사람 사이에 일어나는 갈등은 우리를 강하게 만드는 요인이 된다. 그것을 피하면 오히려 나약한 사람이 된다. 정면으로 대응하고 문제를 극복해야 한다. 고난과 역경을 이기면 우리는 이전보다 더 강해지고 온전해지고 순수해진다.

사람은 근본적으로 악하기에 순수하지 않다. 사람은 고난과 역경을 통해서 순수해진다. 마치 순금이 만들어지기 위해서는 용광로 속에서 제련을 통과해야 하는 것과 같다. 용광로에서 제련되는 과정이, 곧 인간관계 갈등을 겪는 순간이다.

100% 순금이 되는 것은 거저 이루어지지 않는다. 불순물이 제거되기 위해서는 뜨거운 불 속에서 녹아지고 타 없어져야 한다. 이런 과정을 통해 주님을 닮은 온전한 신앙인이 된다. 지금부터라도 인간관계의 갈등이 있다면 이런 시각으로 접근하면 좋을 것이다. 나를 아름답게 만드는 과정으로 생각해 보자. 인간관계 갈등을 해결하는 좋은 지침이 성경에 나온다.

"철이 철을 날카롭게 하는 것 같이 사람이 그의 친구의 얼굴을 빛나게 하느니라"(잠 27:17)

쇠는 쇠로, 칼은 칼로 날카롭게 한다. 칼은 날카로워야 쓸모가 있다. 무딘 칼은 더 이상 칼이 아니다. 명품 칼이 되기 위해서는 칼을 날카롭게 해야 한다. 그런데 칼을 날카롭게 하는 것은 칼만큼 좋은 것이 없다. 어차피 칼은 칼과 부딪쳐야 한다. 싸움터에서 칼이 부러지는 것은 더 강한 칼과 만날 때다. 이때 상대방의 칼과 부딪쳐도 당당하게 위력을 발휘하는 것이 명검이다. 칼이 부딪쳤는데 부러지면 안 된다. 좋은 칼을 만들기 위해서는 더 강한 칼을 대고 칼을 갈아야 한다. 칼을 갈 때 금강석과 같은 강한 돌에 가는 것은 이 때문이다. 약한 돌은 오히려 칼에 부서진다. 아무리 칼이 부딪쳐도 부서지지 않는 강한 칼은 칼을 더 빛나게 만든다.

나를 강하게 만드는 최고 훈련 조교는 사람이다. 물건이 아닌 인간이다. 어차피 우리가 상대해야 할 것은 물질이 아닌 사람이다. 물질은 그 과정일 뿐이다. 핵심은 사람에 있다. 그렇다면 내가 강해지는 길은 사람과의 만남에서 해결을 보아야 한다. 즉 어려운 사람과 갈등을 통하여 내가 점차 다듬어진다. 철이 철을 날카롭게 한다는 말이 이 뜻이다.

나를 가장 확실하게 만드는 것은 사람이다. 동물이 나를 훈련시키지 못한다. 나를 만드는 것은 사람이다. 어차피 사람에게서 승부를 해야 한다면 이것은 피할 수 없는 한 판이다. 어디가도 사람을 만나고 사람 때문에 갈등을 느낀다. 그래서 괴로워하고 힘들어 하면서 혼자 있고 싶어 한다. 그렇다면 오늘 만나는 그 사람에게서 승부를 걸어라. 혹시 나와 만나는 사람이 상대하기 힘든 사람이라면 오히려 감사하라. 이런 사람을 하나님께서 나에게 붙여 주신 것은 나를 더 온전하게 만들기 위함이라는 사실을 이해하라. 강한 사람을 이겨야 내가 강해진다.

축구 선수가 강한 상대를 만났을 때 피하면 좋은 선수가 될 수 없다. 정면 돌파하여 부딪쳐 보는 것이 필요하다. 강한 상대를 통하여 우리는 더 좋은 선수로 성장한다. 그래서 축구 선수를 보면 강한 팀과 경기를 갖고 싶어 한다. 강한 팀과 만나 5:0이라는 점수 차로 졌다 해도 그것이 오히려 나중에 도움이 된다.

인간관계에서 갈등이 생기고 고난이 생기면 나는 더 온유해진 다. 온유함은 강한 상대를 만나면서 길러지는 성품이다. 지혜는 사람과 부딪치면서 생긴다. 그냥 혼자 가만히 편안하게 앉아 있으면 지혜를 얻을 수 없다. 사람은 사람이 날카롭게 한다. 나를 훈련시 키는 방법으로 사람만한 좋은 도구가 없다. 인간관계에서 갈등을 일으키는 것은 물질이 아닌 사람이다. 언뜻 보면 물질 때문에 사람 이 갈등을 일으키는 것처럼 보이지만 사실은 사람 때문이다. 결국 해결은 사람을 통해서 해야 한다.

이렇게 보면 갈등이 생길 때 도망치고 기피하면 해결이 더 힘들 어진다. 너무 힘들면 잠시 멈추고 숨을 고르고 나서 다시 도전하여 문제를 푸는 것이 인간관계의 해법이다. 그냥 두면 더 관계를 악화 시킨다. 부부관계, 친구 관계, 직장 관계가 모두 동일하다.

사람은 갈등이 없으면 깊은 차원으로 들어가지 못한다. 이런 점 에서 인간관계의 갈등은 좋은 사람을 만드는데 필수과목이다. 이 것을 통해 나는 상대방을 더 잘 알게 되고 잘 해결하면 이전보다 더 깊은 신뢰의 관계로 나갈 수 있다. 그리고 나의 능력 또한 강해 진다. 악처를 만나지 못했다면 소크라테스가 될 수 없었다. 위대한 철학자를 만든 것은 그렇게 자기를 힘들게 했던 부인이었다는 사 실에 우리는 눈을 돌릴 필요가 있다.

사람과의 만남을 보면 우연이 아니다. 잠깐 만났다 헤어지는 것이야 싫으면 안 만나면 된다. 그러나 숙명적으로 만나는 사람들이 있다. 예를 들어 부부, 자녀, 직장 동료, 동업자, 성도 등은 어떻게 해볼 수 없는 사람들이다. 흔히 원수 같은 사람이라고 말하는 이런 사람들이 많다.

그러나 이런 사람들과 관계를 잘 해결하는 것이 인간관계에서 승리하는 비결이다. 힘들수록 해결은 더 쉬울 수 있다. 해답 없는 문제는 없다. 도저히 상대방이 고쳐지기 어렵다면 나를 바꾸도록 노력해 보자. 만약 그 사람 때문에 내가 변할 수 있다면 이것은 놀라운 기적이다. 상대방이 아무리 변해도 내가 변하지 않으면 내가 얻는 것은 없다. 이왕이면 상대방이 변하는 것보다 내가 변하는 쪽을 택하자.

**9**

**소통을 통해
공감을 이뤄라**

# 만사는 소통이다

 동의보감을 보면 몸이 아픈 것은 피가 통하지 않기 때문이라고 말한다. 즉 통(通)하지 않으면 통(痛)이 온다는 것이다. 거기서 병이 생긴다. 사람과의 관계에서도 역시 불통(不通)이 되면 문제가 생긴다.

인간의 갈등과 다툼과 오해는 모두 통하지 않기 때문에 생기는 인간관계의 병이다. 사람과의 만남은 그냥 만난다고 되는 것이 아니다. 같이 합쳐지지 않으면 이질적인 것이 함께 있는 상황이 된다. 이런 관계는 있으면 있을수록 어색하고 불편하다. 왜 그럴까? 서로 통하지 않기 때문이다. 사람은 만나는 것만으로 안 된다. 만나서 서로 소통이 잘 이루어질 때 만남의 행복과 즐거움이 있는 것이다.

소통이란 무엇인가? 소통은 만나서 관계를 맺는 것이다. 인간의 소통은 물질을 서로 주고받는 것을 통해서도 이루어지만 진정한 소통은 사람끼리 서로 마음과 마음을 주고받는 것이다. 몸으로는 한계가 있고 오래가지 못한다. 마음이 통하지 않으면 아무것도 이루어지지 않는다. 마음과의 소통은 눈에 보이지 않게 이루어진다. 눈에 보이는 것보다 보이지 않는 소통에 더 중요성을 갖고 사람과 소통을 이룰 때 좋은 인간관계가 이루어진다.

　사랑과 결혼은 소통에서 이루어진다. 이것이 지속되지 못하면 부부는 결국 이혼을 하게 된다. 이혼은 소통이 안 되면서 생기는 현상이다. 소통이 안 되면 단 하루도 같이 살기 힘들다. 명목상으로는 부부이지만 소통이 안 됨으로써 남남처럼 사는 부부들이 많다. 사람과의 만남은 모두 소통을 통해서 이루어진다. 사업도 직장생활하는 것도 모두 다 소통을 통해서 이루어진다.
　인간사회에서 스트레스를 받는 것은 서로 통하지 않기에 괴로움을 받는 것이다. 정치를 하는 것도 결국 국민과 얼마나 소통하느냐에 달려 있다. 그렇지 못하면 정치는 실패하게 된다. 신앙생활도 소통에 달려 있다. 하나님과 소통을 우리는 말씀과 기도로 이룬다. 말씀과 기도에 힘써 매일 이것을 쉬지 않고 하는 것은 하나님과 영적인 소통이 잘 이루어지기 위함이다.

　신앙생활은 간단하다. 하나님의 뜻과 나의 뜻을 서로 맞추는 것이다. 이렇게 되면 마음이 평안하고 영혼의 즐거움을 얻게 된다. 하나님과의 소통이 잘 이루어지면 사람과의 교제도 원만하게 이루어진다. 교회생활은 소통을 위해서 절대 필요하다. 성도와 교제를 통해서 신앙이 자라나고 하나님의 나라를 이룰 수 있다.

만약 성도와 교제가 없으면 그것은 성도와 소통이 이루어지지 않는 개별적인 종교생활에 불과하다. 안타까운 것은 점점 이런 신앙생활이 많아지고 있다는 점이다. 이웃과 소통이 없는 의례적인 신앙은 죽은 신앙이다. 교회에서 가장 중요한 것은 소통이다. 이것이 잘 이루어지는 교회야말로 건강한 교회다. 그러니 우리 모두 그런 교회를 꿈꾸고 온 성도가 소통하는 구조로 만들어야 한다.

가정의 행복은 소통에서 온다. 온 가족이 소통이 잘되는 가정은 행복하지만 그렇지 못한 가정은 지옥과도 같다. 가족간에 아무 말 없이 각자 자고 밥만 먹는다고 생각해 보라. 답답하고 삭막할 것이다. 그러나 말을 하지 않아도 서로의 마음을 알고 서로를 배려하는 가정은 생각만 해도 부럽다. 우리는 이런 가정을 만들기 위해서 노력해야 한다.

돈이 많다고 해서 이런 일이 이루어지는 것은 아니다. 오히려 많은 돈은 가족간의 소통을 막을 수 있다. 서로를 불신하게 만들고 오히려 마음을 닫히게 만들 수 있다. 로또복권에 당첨된 어느 남편이 집에 돌아오자 갑자기 아내를 보는 눈이 달라졌다고 한다. 혹시라도 자기 주머니에 있는 로또복권을 가져갈지 모른다는 생각이 들어 아내를 불신한 것이다. 이런 경우는 우리 주변에 흔히 볼 수 있는 광경이다. 그러니 서로 마음을 이해하고 공감을 느껴 소통을 원활하도록 하자. 인생의 모든 일은 만남으로 이루어지고 그 만남은 소통에서 성패가 결정된다는 것을 기억하자.

# 관계는 의사소통이다

인간관계를 이루는 완전한 정답은 없다. 그것은 사람마다 마음이 다르기 때문이다. 그럼에도 인간관계를 이루는 가장 좋은 것 하나 선택하라면 그것은 무엇일까? 대화이다. 사람과 소통하는 가장 좋은 방법은 대화다. 인간은 언어적 존재다. 인간과 동물의 차이점은 언어에서 결정된다. 그만큼 인간에게는 언어가 중요하다.

인간관계도 대부분 '말'로 이루어진다. 인간관계를 좋게 하는 것도 말이고, 인간관계를 파멸로 이끄는 것도 말이다. 상대방을 기분 좋게 하는 것도 말이고, 기분 나쁘게 하는 것도 한마디 무심코 내뱉는 말이다. 이렇게 언어는 인간관계에서 거의 결정적이라고 해도 과언이 아니다.

인간관계를 잘하기 위해서는 좋은 대화의 기술을 익혀야 한다. 인간관계가 성공적으로 이루어지기 위해서는 의사소통이 핵심이다. 인간의 소통은 언어를 통해 마무리 된다. 어떻게 하면 의사소통을 잘 할 수 있을까? 의사소통의 4가지 단계를 이해하면 도움이 된다. 일반적으로 인간의 의사소통은 시각, 지적, 정서, 언어의 단계를 거친다. 언어가 중요하지만 말로만 의사소통이 이루어지는 것은 아니다. 의사소통은 다음 단계를 통해 이루어진다.

첫째, 눈에 보이는 것은 시각적으로 관계를 맺는다

인간에게 가장 먼저 소통을 가능하게 하는 것은 보는 것이다. 상대방을 보는 첫인상이라든지, 특별한 행동과 감동적인 모습을 보면서 상대방을 생각한다. 눈으로 본 것은 좀처럼 잊어버리지 않는다. 인간은 눈으로 본 것은 85-90%를 기억하지만 귀로 들은 것은 15% 미만으로 기억한다고 한다. 상대방에게 잘 기억되고 소통하기를 원한다면 보여주는 것으로 시작하라. 시각적인 힘을 사용할 필요가 있다.

미국인의 77%가 텔레비전을 통해 뉴스의 90%를 얻는다고 한다. 현대는 보는 시대가 되었다. 인간관계에서도 보여주는 것처럼 확실한 방법은 없다. 말 이전에 보여주는 것은 관계를 확실하게 맺는 데 기초가 된다. "백문불여일견(百聞不如一見)"이라는 말이 있다. 한 번 보는 것이 백 번 듣는 것보다 좋다는 뜻이다. 인간관계에서 상대방에게 나의 마음을 보여주면 더 이상 말이 필요 없다. 관계가 간단하게 해결된다.

둘째, 머리로 이해하는 것은 지적으로 관계를 맺는다

의사소통이 진정으로 이루어지려면 말하려는 주제와 자신에 대해서 잘 알아야 한다. 다시 말하면 이성적으로 이해해야 마음이 움직이게 되고, 논리적으로 주지하는 바가 지식적으로 확신이 되면서 그 다음이 쉽게 전개된다. 하지만 이해되지 않으면 오래 가기 어렵다. 이해되는 것이 마음속에 오래 남는다. 그래서 지식적으로 확신을 주는 것은 의사소통에 매우 중요하다. 다른 사람을 설득할 때 우리는 검증된 자료와 근거를 논리적으로 제시하는데, 잘 알려진 통계와 신문 등에서 발표된 근거 자료를 제시하면서 상대방을 이해시키는 것이 바로 이런 이유 때문이다.

셋째, 가슴으로 느끼는 것은 감정적으로 관계를 맺는다

사람은 감정을 가진 존재다. 모든 사람이 다 그런 것은 아니지만 어떤 사람에게는 지성보다 감성이 더 중요할 수 있다. 보통 남자에게는 지성적인 면을, 여자는 감성적인 면이 작용을 하는 경향이 많다. 지성적인 관계는 시간이 필요하지만 감성적인 관계는 즉각적인 효과가 있다.

2002년 노벨경제학상을 받은 대니얼 카너먼이라는 심리학자는 인간의 행동은 이성에 지배받기 보다는 감정에 의해 더 많은 영향을 받는다고 가정했다. 기존의 인간을 합리적인 존재로 보는 경제학 이론을 정면으로 도전함으로써 인간은 감정에 쉽게 흔들리며 주먹구구식으로 판단을 한다는 결론을 추출하여 노벨경제학상을 받았다. 인간은 이성적인 존재이지만 실제는 감정적인 존재라는 것이다. 누군가를 변화시키기 원하면 이성에 호소하기 보다는 감성에 호소해야 한다고 주장한다.

과거에 비해 현대는 감성이 더 설득력의 요소로 등장한다. 일차적으로는 감성적인 접근을 하되, 그것으로만 끝나면 안 되고 논리적이고 이성적인 것으로 감정을 정당화하는 것에 사용해야 한다. 그래야 더 효과적이다. 가슴을 얻으면 자연히 나머지는 따라오기 때문에 먼저 머리의 접근보다는 가슴으로 말하면 관계를 훨씬 쉽게 맺을 수 있다. 즉 사람은 말하는 것보다, 행동보다, 느낌을 더 잘 기억하므로 내가 느낀 것을 상대방이 느끼도록 하면 상대방은 나와 공감이 잘 이루어진다는 것이다.

### 넷째, 귀로 듣는 것은 말로 관계를 맺는다

행동과 머리와 가슴으로 인간관계를 맺지만 마무리는 말로 해야 한다. 사랑하는 사람 사이에서 행동과 머리와 가슴으로 사랑을 보여주어도 마지막은 직접 입으로 사랑한다고 고백해야 결혼이 성사가 된다. 한마디 말이지만 그것은 모든 것을 하나로 통합하는 힘이 있다. 물론 말은 단순한 말이 아니다. 어떤 단어를 사용하느냐에 따라 관계가 성사되기도 하고 깨지기도 한다.

말에는 말 이상이 있다. 말을 하면서 억양, 어조, 타이밍, 목소리, 말의 속도, 감정이 함께 전달되어야 한다. 이것은 상대방과 관계를 맺는데 큰 힘을 발휘한다. 인간관계에서 모든 방법을 사용해도 잘 안 되면 결국 마지막 사용하는 방법은 대화로 푸는 것이다. 이처럼 말은 가장 중요한 의사소통의 방법이다.

# 4가지 의사소통의 방법을 적용하라

사람은 상대방과 의사소통을 할 때 감정, 태도, 사실, 신념, 생각 등을 담아 전달한다. 흔히 말에 뼈가 있다고 말한다. 그것은 말 속에는 생각이 담겨 있다는 의미다. 다 같은 말이라도 같은 말이 아니다. 사람의 말 속에는 묘한 것이 들어 있다. 의사소통을 할 때는 다음 4가지 방법을 적용하면 가장 효과적이다. 한 가지 방법으로만 의사소통을 고집하기보다는 다양한 방법들을 사용하면 인간관계를 잘 맺을 수 있다. 각 사람마다 특징을 살려서 다음의 방법을 적절하게 적용하자.

첫째, 언어적 소통이다

인간관계에서 가장 쉽게 사용할 수 있는 것이 언어다. 언어는 직접 말하는 대화와 문자, 편지, 메일 등이 포함된다. 누구든지 언어를 잘 사용하면 인간관계가 좋아진다. 기본적인 대화의 기법들을 익히는 것도 도움이 된다.

남에게 인상을 깊게 남기려면 길고 지루한 말보다는 짧고 강렬한 말이 효과적이다. 가능한 말을 쉽게, 그리고 명확하고 간결한 단어로 말하는 법을 익혀라. 말을 어렵게 하는 사람의 이야기는 조금만 듣고 있어도 피곤하다. 어떤 사람은 자기 지식을 자랑하기 위해 쉬운 것을 어렵게 말하는 경우가 있다. 이것은 교만이다. 가능한 어려운 것을 쉽게 말하는 습관을 갖는 것이 필요하다.

　그리고 남을 감동시키기 위해서 필요한 것은 말솜씨가 아니라 마음에서 우러나오는 진심이다. 말에 진실을 담아 전달하면 비록 말이 어눌해도 그것이 더 인간관계를 맺는데 효과적이다. 대화의 주인공은 자신이 아니라 언제나 상대방이라는 것을 잊지 마라. 이렇게 되면 대화를 할 때 대화의 주제를 상대방에 맞추는 것이 좋다. 상대방이 먼저 화제를 꺼내면 거기에 맞는 이야기를 해나가면 된다.

　인간이 일생 동안 살아가면서 이야기하는 화제의 3분의 1은 남의 이야기이고, 3분의 1은 성(性)과 먹는 것에 관한 이야기이며, 결국 나머지 3분의 1만이 필요한 이야기라고 한다. 수다쟁이는 남의 이야기를 많이 한다. 여기에는 자기 자랑이나 남의 비하와 잘 나가는 사람에 대한 시기가 포함되어 있다. 열등감이 많은 사람은 다른 사람의 이야기를 많이 하고, 따분한 사람은 주로 자기 이야기를 많이 한다. 이런 이야기를 계속 듣고 있으려면 피곤하고 힘들다. 그러나 말을 잘하는 사람은 꼭 필요한 이야기만 한다. 격려하고 힘을 주고 배려하는 아름다운 이야기를 한다.

둘째, 비언어적 소통이다

언어적인 소통 못지않게 중요한 것이 비언어적인 소통이다. 비언어적인 소통은 몸으로 말하는 것을 뜻한다. 단어만 전달하는 언어적 소통은 생기가 없다. 살아 있는 말이 되려면 몸의 언어를 해야 한다. 온몸으로 말을 하면 전인적으로 전달되어 역동적이고 힘이 있다.

비언어적인 것을 잘 사용하면 인간관계가 좋아진다. 비언어적인 것은 말을 하면서 신호, 몸짓, 표정, 눈빛, 접촉, 음성 고저, 크기, 속도, 억양, 반응 등을 포함시키는 것을 말한다.

심리학자 앨버트 메러비언은 전체 의사소통 중에서 대화의 내용은 7%, 음조나 억양과 말투는 38%, 표정, 몸짓, 자세는 55%라고 말했다. 이렇게 보면 비언어적인 것이 90%를 넘는다. 이는 우리가 대화를 할 때 비언어적인 것을 많이 사용하는 것이 유익함을 잘 말해 주는 것이다.


몸의 언어를 놓치면 관계가 깨진다. 상대방이 말하는 것을 들을 때 우리는 신체 언어를 함께 듣는다. 그러기에 비언어적인 것을 염두에 두면서 대화를 해야 한다. 비언어적인 커뮤니케이션이 탁월한 사람은 남의 생각이나 태도를 알아챌 수 있는 힘을 언어에 담아 전달한다. 비언어적 능력은 사람의 마음을 읽어내는 데서 생긴다. 특히 감정은 언어보다 비언어적인 메시지에 의해 더 많이 전달된다. 때문에 우리가 비언어적인 소통능력을 기르기 위해서는 평소에 마음의 대화를 많이 하는 것이 중요하다.

현대의 기계 발달은 소통을 활발하게 하는 부분도 있지만 비언어적인 소통을 힘들게 하는 부분도 있다. 비언어적인 소통은 직접 사람과 만남을 통해서만 가능하다. 스마트폰이나 문자 등을 사용한 기계에 의존하면 소통이 힘들다. 기계의 발달로 인해 직접 만나 얼굴을 보면서 소통하기 보다는 인터넷을 통한 모바일을 사용하기가 더 편리하다.

그러나 그렇게 하다 보면 익명으로 소통하게 되고 거짓이 들어가 진정한 인격적인 소통에 방해가 된다. 잘못된 악성 댓글이 오히려 소통을 방해하는 경우도 생겨난다. 그러므로 진정한 소통이 잘 이루어지기 위해서는 비언어적인 소통을 적극 활용해야 한다.

셋째, 공식적 소통이다

공식적 소통은 공적으로 전달 사항을 전할 때 사용한다. 흔히 공지사항과 같은 것이다. 이것은 공동체에서 사용하는 소통의 방법으로 일방적인 소통 방법이다. 공식적인 소통으로 전달되는 언어는 언어적인 소통 방법을 사용하며, 객관적인 정보나 자료를 제공할 때 사용한다. 보통 이런 공지사항을 잘 인지하지 못하면 손해를 보게 된다.

공식적인 소통은 누구나 볼 수 있는 것이고 모두가 활용이 가능하기에 이것에 세심한 유의가 필요하다. 특히 직장, 기관, 학교, 언론 등에서 알리는 공지사항은 사용자가 잘 파악하여 피해를 입지 않도록 해야 한다. 실제적으로 이런 공식 소통에 무감각함으로써 기회와 혜택을 놓치는 경우가 많다.

298

그러나 공식적인 소통은 상부기관에서 전달하는 것으로 폐쇄적이고 일방적인 소통 방법이기 때문에 자주 사용하면 오히려 소통을 방해하는 단점이 있다. 진실한 마음의 전달이 어렵고 강압적으로 받아들이게 함으로써 자주 사용하면 인간관계를 파괴하는 요인이 되기도 한다.

### 넷째, 비공식적 소통이다

공식적인 소통은 수직적인 소통인데 반해 비공식적인 소통은 수평적이다. 주로 구성원들 사이에 이루어지는 것으로 상호적인 소통을 이루게 한다. 학생, 국민, 직원 등 피지배 계층에서 주로 사용하는 소통의 방법이기도 하다. 비공식적인 소통은 잘못하면 험담이나 잘못된 루머를 만들어 피해를 입힐 수 있다. 무리를 충동하여 데모나 폭동을 일으키게 하거나 파괴적인 행동으로 갈 수도 있으며, 검증된 소통이 이루어지지 않으면 악용될 소지가 많다.

그러나 수평적인 비공식적인 소통은 일반적으로 일어나는 소통 방법으로 대중과 국민의 소리를 듣는 무시할 수 없는 일반적인 소통의 방법에서 그 중요성이 점점 커지고 있다. 이런 소통은 나중에 여론을 일으켜 큰 영향을 미치기 때문에 무시하면 안 되며, 잘 받아들이고 잘 분별하여 인간관계에 적극 반영하는 것이 필요하다.

# 차이를 인정하면 소통이 쉽다

요즘 커플들이 서로 하나라는 것을 알리기 위해서 커플티셔츠를 자주 입는다. 그런 모습을 보면 보기에 좋다. 그것은 커플들이 서로 하나된 모습을 보여주기 때문이다. 또 단체가 수련회를 할 때에도 단체복을 입는다. 그것 역시 하나된 모습을 보여주기에 여러모로 유익하다. 그러나 일상생활에서는 그렇지 않다. 만약 모든 사람이 다 같은 옷을 입는다면 어떨까? 어색하고 싫증이 빨리 느껴질 것이다.

사람은 각자 개성이 있기에 그것을 무시하고 복사판처럼 만든다면 사람의 가치는 떨어진다. 사람의 가치는 다름에 있다. 70억의 사람 중에 같은 사람은 단 한 사람도 없다. 비슷하지만 그러나 다른 면이 있기에 우리는 그 맛에 산다. 가끔 내가 입은 옷과 똑같은 옷을 입은 사람을 거리에서 만날 때가 있다. 그러면 왠지 옷의 가치가 떨어지고 나중에는 잘 안 입게 된다. 왜 그럴까? 나만의 특징을 드러내지 못하기 때문이다.

이것은 인간관계에서도 그대로 적용된다. 사람마다 가치관과 성향이 다르다. 사람은 성격도, 행동유형도 각각 다르다. 서로 다른 사람이 모여 사는 곳이 인간사회다. 내가 가지고 있는 가치관과 취향과 취미가 다르다고 상대방을 무시하거나 틀리다고 보는 것은 옳지 못하다.

인간관계는 서로가 다름을 인정하는데서 출발해야 한다. 틀린 것이 아니라 서로 다르다는 것을 인정하는 것이 필요하다. 인정하다 보면 서로 각자를 존중하게 되고 다른 것에 대해 거부감이 생기지 않고 오히려 좋게 보인다.

어떻게 하든지 내 중심으로 하려는 생각이 강하면 다른 것에 대해 이질감을 느낀다. 그렇게 되면 틀린 것처럼 생각하게 되어 상대방을 비난하거나 흠을 들추어내는 상황이 생긴다. 이것이 인간관계를 파괴하게 만든다. 인간관계가 힘든 것은 서로 다른 것에 대한 인식이 부족해서이다.

인간관계를 성공적으로 이루기 위해서는 상대방의 다름을 인정하고 차이를 받아들이는 자세가 중요하다. 그렇게 되면 상대방과 소통이 잘 이루어진다. 소통은 같은 것만 이루어지는 것이 아니다. 다른 것과도 소통이 이루어져야 그것이 진정한 소통이다. 요즈음에 '융합'이라는 말을 많이 사용한다. '융합'은 서로 다른 것이 하나 되는 것이다. 거기서 창의력이 생긴다. 같은 것에서는 더 이상 발전이 없다. 그러나 서로 다른 것이 소통하면서 하나를 이룬다면 거기에 창조와 아름다움이 있다.

'아름답다'라는 표현은 서로 다른 것이 하나로 모여 조화를 이룰 때를 지칭하는 말이다. 각각의 다른 색들이 모여서 조화를 이루는 것은 보기에도 좋다. 그러나 다 같은 색이라면 그것은 지루하고 금방 싫증이 난다.

인간사회는 다양한 사람들이 모여 소통을 이루는 것이다. 인간관계에 있어 진정한 소통이 이루어지려면 다름 속에서 일어나야 한다. 같은 것은 어렵지 않게 소통이 이루어진다. 인간관계에서 불통이 일어나는 것은 서로 다른 것을 받아들이지 않는데서 생긴다. 서로 간에 다름을 잘 받아들이고 그 속에서 얼마나 소통을 잘 이루어 내느냐가 인간관계를 성공적으로 이루는 관건이라 볼 수 있다.

다른 것은 틀린 것이나 나쁜 것이 아니다. 다른 것은 그 사람의 특징을 드러내는 것이다. 서로 다른 점이 보일 때는 먼저 그 가치를 인정해 주는 것이 필요하다. 틀린 것에 늘 관심을 가지다 보면 상대방을 지적하게 된다. 그렇게 되면 인간관계는 좋게 이루어질 수 없다. 사람은 옳은 말을 하는 사람보다 이해해 주는 사람을 좋아한다.


옳고 그름은 하나님만이 하실 수 있다. 잘 알지도 모르면서 틀렸다고 말하면 그것은 죄를 짓는 것이다. 그래서 남을 비난하는 일을 조심해야 한다. 상대방을 잘 알지도 못하면서 함부로 상대방을 비판하는 것은 자기에게 칼을 찌르는 것과 같다. 남의 티가 자꾸 보이는 사람은 자신에게 들보가 있는 법이다. 원수 갚는 것을 하나님께 맡기라는 것은 이런 이유 때문이다.

그렇다면 우리가 할 수 있는 일은 무엇인가. 바로 사랑하고 용서하고 이해하는 일이다. 바보일수록 남을 비난하는데 열심이다. 지금 당신이 바보가 되지 않으려거든 비난을 당장 멈추어라. 상대방이 이해가 안 되면 그럴수록 더욱 상대방을 이해하려고 노력하라. 그러면 나와 다른 점을 보게 되고 칭찬할 일이 생기게 될 것이다. 이런 점에서 오래 전에 영국의 문학가였던 존슨이 한 말은 명언이다. "하나님조차 죽기 전까지는 사람을 심판하지 않는다."

> **tip**
>
> ### 상대방의 다름을 인정하는데 도움을 주는 자료
>
> ● 애니어그램 : 사람을 9가지 유형으로 분류한다
> · 완벽주의자 · 조력가 · 야심가
> · 예술가·낭만주의자 · 관찰자 ·현실주의자
> · 모험가 · 지도자 · 평화주의자
>
> ● DISC : 인간의 행동 유형을 4가지로 분류한다
> · D형-주도형 · I형-사교형
> · S형-안정형 · C형-신중형
>
> ● MBTI : 인간을 8가지 성향으로 분류한다
> · 내향형(I) · 외향형(E) · 감각형(S) · 직관형(N)
> · 사고형(T) · 감정형(F) · 판단형(J) · 인식형(P)

# 소통은 퍼즐을 맞추는 것이다

 사람과 만남에서 서로 다른 것을 발견할 때 그 차이를 좁히고 이해를 넓히는 것은 쉽지 않다. 여기에는 노력이 필요하다. 관계를 회복하는 것은 그냥 이루어지지 않는다. 쌍방의 노력이 필요하다. 그것은 마치 퍼즐을 맞추는 것과 같다. 혹시 다른 사람에 비해서 풀기 어려운 문제들이 많다고 생각이 되는가? 그렇다면 우리에게 어려운 퍼즐게임이 주어졌다고 생각하라. 맞추기 어려운 퍼즐이라도 버리지 말고 한번 적극적으로 맞추도록 노력해 보자.

문제가 있다는 것은, 곧 답이 있다는 것을 말한다. 긍정적인 자세로 달려들어 인내를 가지고 퍼즐을 맞추면 점차 맞추어지는 날이 올 것이다. 인간관계도 마찬가지다. 언젠가 우리 관계도 이렇게 좋은 짝인가 하고 감탄하게 될 날이 올 것이다. 어려운 퍼즐을 주었다고 불평하지 말고 서로 노력하면서 차근차근히 맞추어 가 보자.

하나님께서 짝지어 주신 우리 관계는 무언가 숨겨진 의미가 있을 것이다. 그것을 서로 찾아가는 것이 부부생활이요 친구 관계다. 오히려 쉬운 퍼즐보다 어려운 퍼즐을 맞추는 것이 즐거움과 기대감이 배가 된다. 우리 주위에는 어려운 퍼즐이라고 노력도 해보지 않고 쉽게 포기하는 사람들이 많다. 퍼즐 맞추는 마음으로 부부, 친구, 직장, 이웃, 자녀와의 관계를 만들어 가면 못할 일이 없을 것이다. 그래도 동물이 아닌 사람과의 만남이지 않은가. 오죽하면 동물과 만남으로 위로를 받겠는가? 서로를 감사하면서 소통을 해나가다 보면 분명히 답이 있을 것이다.

우리는 만들어진 퍼즐을 좋아하는 경향이 있다. 그러나 인생은 그렇지 않다. 서로 다른 조각들이 만나서 아름다운 그림을 맞추는 것이 인생이다. 그것이 하나님께서 삶을 주신 이유이다. 조각을 맞추는 과정은 쉽지 않다. 수없는 반복과 시행착오를 통해 점차 그림이 완성된다.

언젠가 가족들과 레오나르도 다빈치의 '최후의 만찬' 그림을 갖고 퍼즐 맞추기를 했던 적이 있었다. 온가족이 함께 모여 거의 반나절이 걸렸다. 그때 느낀 점이 있다. 처음에는 퍼즐을 어떻게 맞출지 막막했다. 그러나 몇 가지 원칙을 알면 쉽다는 것을 발견했다. 인내를 가지고 이리저리 맞추다 보니 결국 맞추어졌다. 이렇게 끈기 있게 맞추다 보면 규칙을 배우게 된다. 각각 다른 퍼즐인 것 같아도 그 안에 비슷한 것들이 반복된다는 것이다. 처음이 어렵지 시간이 가면 갈수록 쉽고, 맞추는 속도도 빨라진다는 점이다.

즐거움이 배가 되는 것은 퍼즐을 맞추어 본 사람만이 안다. 이것은 인간관계에서도 그대로 적용된다. 퍼즐은 혼자서 맞추는 것이 아닌 쌍방이 맞출 때만이 가능하다. 인간 사이도 서로 맞추려고 노력하다 보면 결국 맞추게 된다. 결국 맞지 않는 인간 사이는 없다는 것을 알게 된다. 서로 다른 것 같아도 결국은 서로 맞는 부분이 있기 마련이다. 다른 퍼즐의 면이 서로 맞는 것처럼⋯⋯.

tip

### 인간관계 퍼즐을 맞출 때 도움을 주는 7가지 법칙

❶ 인간관계의 갈등의 필연성을 인정하라.

❷ 같은 것이 아닌 차이점에서부터 시작하라.

❸ 차이점에서 좋은 점을 찾아라.

❹ 차이점을 구체적으로 찾아라.

❺ 흑백 이론을 갖고 상대방을 이분법으로 판단하지 말라.

❻ 늘 상대방의 입장에서 해결점을 찾아라.

❼ 공감의 부분을 찾고 그것을 적극적으로 표현하라.

# 잘못된 선입견은 소통을 방해한다

인간관계를 원활하게 하는 것은 소통이다. 그런데 왜 소통이 잘 안 될까? 인간의 소통을 방해하는 것들은 무엇일까? 그것은 자기 고집과 선입견 때문이다. 한 쪽의 균형이 깨지면 서로 통하지 않게 된다. 소통은 한 부분만 보면 안 된다. 소통은 전체를 볼 때 이루어진다. 전체를 보면 소통이 쉽다. 높은 곳에서 보면 막힌 길일지라도 서로 만날 수 있는 길을 쉽게 찾을 수 있다. 그러나 낮은 곳에서는 눈에 보이는 길만 보인다. 서로 만날 수 있는 길을 찾지 못해 힘들게 된다.

마음이 좁은 사람과는 소통이 어렵다. 하지만 마음이 넓은 사람과는 소통이 잘된다. 어느 한쪽 만 고집하거나 잘못된 생각을 갖고 있으면 균형이 깨진다. 그리고 소리가 들리지 않고 상대방의 마음이 안 보인다. 자기 눈높이를 고집하면 소통은 불가능하다. 사람은 자기 편견을 모두 가지고 있다. 이것은 어쩔 수 없는 인간이 가진 한계다.

상대방을 자기 관점에서 보면 볼수록 상대방을 이해하는 것은 힘들다. 우리는 그것을 남의 탓으로 돌린다. 상대방이 잘못했기 때문이라고 생각하는 나쁜 습성이 있다. 인간이 인간을 차별한다. 그러나 하나님께서는 인간을 차별하지 않으신다. 하나님께서는 인간의 질그릇과 같이 연약한 체질을 잘 알고 계신다. 그렇기에 인간이 죄를 지어도 참고 기다리신다.

상대방을 이해하는 점이 부족하면 서로가 함께할 수 있는 교감점을 찾지 못한다. 소통을 잘 이루기 위해서는 나의 고정관념에서 벗어나는 훈련을 해야 한다. 보다 넓게 보는 시야를 가져야 한다. 그렇게 되면 상대방을 이해하면서 자연히 관계가 잘 이루어진다.


여섯 살 난 남자 아이와 아빠가 지하철을 탔다. 아이는 지하철 여기저기를 오가며 장난을 쳤다. 심지어 좌석에 올라서서 뛰기까지 했다. 다른 승객들은 아이와 그 아빠를 번갈아 보면 혀를 차거나 눈살을 찌푸린다.

"자기 아이가 공공장소에 저렇게 장난을 치는데 아빠는 왜 저렇게 멍하니 하늘만 쳐다보고 있지?"

"자기 귀한 것만 알지 도덕이니 질서니 이런 것은 뒷전이야."

아이의 장난이 길어질수록 주변 사람들의 원성은 높아만 갔다. 한 노인이 보다 못해 소리쳤다.

"이보시오, 젊은 양반. 아이가 공공장소에서 저렇게 심하게 장난을 치면 아빠가 말려야 하는 것 아니요."

아빠는 그때서야 생각이 돌아온 듯 고개를 조아리며 말했다.

"아. 죄송합니다. 정말 죄송합니다!"

그는 계속 말을 이었다.

"사실은… 제가 지금 애 엄마를 하늘나라에 보내고 오는 길입니다. 엄마도 없이 저 애를 어떻게 키울까 걱정에 빠진 나머지 제가 미처 아이의 행동을 살피지 못했습니다. 정말 죄송합니다."

아빠가 이렇게 말하는 사이에도 아이는 여전히 장난을 치면서 빙빙 돌고 즐거운 듯이 소리를 지르곤 했다. 사실 상황이 달라진 것이 없었다. 그러나 주변 사람들이 상대방을 이해하고 바라보니 시선이 달라졌다. 아무도 그것에 대해 이의를 제기하는 사람이 없었다.

소통은 상대방을 이해하는 것이다. 나의 관점이 아닌 상대방의 마음에서 일어날 수 있는 다양한 가능성을 보고 그를 이해하는 것이 소통의 비결이다. 상대방의 눈높이에서 바라보는 것이 소통의 제일된 원칙이다. 이렇게 하려면 나의 편견을 버리는 것이 우선이다.

어떻게 고집과 편견을 버릴 수 있는가? 그것이 관건이다. 많은 사람들과 만나서 대화하는 것도 한 방법이다. 또 책을 읽으면 다양한 사람을 이해할 수 있는 폭이 넓어지니 성경을 읽으면서 하나님의 시각을 배우는 것도 방법이다. 성경을 읽으면 인간관계의 폭이 넓어지고 사람을 바라보는 눈이 길러진다. 그리고 나의 부족함을 보게 된다.

# 욕심이 소통을 힘들게 한다

상대방과 소통이 잘 이루어지지 않는 중요한 이유는 욕심이다. 욕심을 갖고 상대방을 대하면 소통이 힘들다. 소통은 자기를 버리는 만큼 이루어진다. 자기를 내려놓는 만큼 상대방에 대한 존경심이 생긴다. 둘 다 가지려고 하면 소통은 어렵다. 그러나 하나를 놓고 양보하면 상대방이 가질 수 있는 몫이 생긴다. 거기서 소통이 일어난다.

소통을 방해하는 적은 욕심이다. 내 것을 가지려고 집착하면 할수록 소통은 멀어진다. 그리고 관계가 깨진다. 그러나 한 사람이 양보하거나 내려놓고 상대방에게 나누어 주면 소통은 저절로 이루어진다. 자신에게 집착함으로써 상대방을 멀리하는 것은 사단이 노리는 전략이다. 이렇게 하면 인간관계가 힘들어진다.

카지노에는 없는 것이 세 가지 있다고 한다. 시계, 창문, 거울이다. 왜 그럴까? 이 세 가지는 자신을 돌아보게 하기 때문이다. 시계를 보면서 인생을 보고, 창문을 보면서 주변을 보며, 거울을 보면서 현재의 자신을 본다는 것이다. 이런 것은 자신을 돌아보게 한다. 만약 카지노에 있는 사람이 자신을 돌아보게 되면 돈에 집착할 수 없고, 또 그렇게 되면 제 정신을 차리게 되면서 자기 자리로 돌아가 카지노에 사람이 사라진다는 것이다. 그래서 카지노에서는 시계, 창문, 거울을 없앰으로써 오는 사람들로 하여금 자기 자신을 잊게 하고 오직 돈만 따는데 집착하게 하는 것이다.

마찬가지다. 자신의 욕심에 집착하면 자신도 안 보이고 다른 사람도 안 보인다. 그렇게 되면 결국 모든 관계가 무너진다. 아브라함과 롯의 관계가 이것을 그대로 설명해 준다. 아브라함은 소통을 중시한 사람이다. 그것은 아브라함이 말한 내용에서 잘 드러난다.

"아브람이 롯에게 이르되 우리는 한 친족이라 나나 너나 내 목자나 네 목자나 서로 다투게 하지 말자 네 앞에 온 땅이 있지 아니하냐 나를 떠나가라 네가 좌하면 나는 우하고 네가 우하면 나는 좌하리라"(창 13:8-9)

반면에 조카 롯은 좋은 땅을 간절히 갖고 싶었다. 욕심이 가득 차 있었다. 롯은 삼촌과의 관계와 소통에는 관심이 없고, 오직 비옥한 땅을 얻는 데만 관심이 있었다. 그러나 하나님께서는 소통을 중시했던 아브라함에게 더 큰 복을 주셨다. 인간의 소통보다 물질에 관심이 더 많았던 롯은 나중에 구원을 받지만 그의 가족은 소돔과 고모라의 불행을 경험하게 된다.

욕심은 상대방을 보지 못하고 하나님을 잊어버리게 한다. 오직 자기만 관심을 갖게 만든다.

　이 욕심을 얼마나 버리느냐가 소통의 중요한 관건이다. 마음을 편하게 가지고 상대방의 유익을 위해서 사람을 만나면 소통은 아주 쉽다. 서로의 유익을 위해서 대화를 나누면 말을 많이 하기 보다는 들어주는데 시간을 보낼 것이다. 나의 강점을 말하기 보다는 상대방의 강점을 찾는데 시간을 사용할 것이다. 이렇게 대화를 나누고 만남을 가지면 소통은 저절로 이루어진다.

　소통이 어려운 것은 기술이 부족해서가 아니다. 마음에 욕심이 가득해서이다. 자기 욕심만 버리면 소통은 아주 쉽게 이루어진다. 아이들이 놀이터에서 함께 어울리며 노는 것을 보면 마음이 편안하다. 그러나 욕심이 많은 아이는 모든 장난감을 독차지 하고 다른 아이들이 못 갖게 놀도록 한다. 그런 아이는 구석에서 혼자 논다. 보는 이로 하여금 서글픔을 갖게 한다.

　이웃과 소통 없는 삶은 불행하다. 정말 성장하고 싶으면 소통하라. 성장은 소통을 통해서 자라는 법이다. 건강한 마음과 생각을 갖기 위해서는 이웃과의 소통이 필수다.

# 마음을 읽으면 소통할 수 있다

소통은 마음과 마음이 함께하는 것이다. 마음의 소통
은 눈에 보이지 않는다. 다른 것을 다 얻어도 사람의 마
음을 얻지 못하면 아직 소통이 안 된 것이다. 소통을 잘
하기 위해서는 상대방의 마음을 읽는 것이 우선이다.

물론 사람의 마음을 읽는다는 것은 생각처럼 쉽지 않다. 사람들
은 마음을 얻기 위해서 고가의 물질을 건네고 관심을 보이기 위해
서 외모를 아름답게 가꾼다. 그런데 상대방의 마음을 얻는다는 것
이 그렇게 만만치 않다. 사람의 중심은 마음에 있다. 사람은 마음
을 좀처럼 상대방에게 주지 않는다. 마음을 얻으면 모든 것을 다
얻는 것이다. 마음만 얻으면 다른 것은 부족해도 큰 상관이 없다.

마음을 얻는 좋은 방법은 대화다. 대화는 나의 마음을 전달하는
좋은 소통의 도구다. 우리는 많은 대화를 통하여 나의 마음을 상대
방에게 전달한다. 대화를 하면서 상대방의 마음을 읽으려고 노력
한다. 신뢰할 수 있는 마음을 지녔는가? 그의 마음은 진실한가?

정말 이 사람은 나를 사랑하는가? 등을 고민하게 된다.

'어떻게 하면 상대방의 마음을 알 수 있을까? 상대방의 마음을 열게 하는 비결은 무엇일까?' 이런 마음을 가지고 우리는 상대방과 수없는 만남과 대화를 갖는다. 그러나 사람의 마음은 천 길 물속보다 더 깊어서 단번에 알기 쉽지 않다. 알다가도 모르는 것이 사람의 마음이기에 상대방이 마음을 열지 않으면 우리는 상대방의 마음을 알 수 없다. 그래서 설사 외적으로 만남을 갖는다 해도 진정한 소통이 이루어질 수 없는 것이다.

상대방의 마음을 열기 위해서는 우선 자기 마음을 열어야 한다. 자기 마음을 여는 것은 열린 마음과 용기와 자신감이 있어야 한다. 이것은 자기 마음 관리가 잘될 때 가능한 일이다. 왜냐하면 내 마음을 먼저 열어 보인다는 것은 쉬운 일이 아니기 때문이다. 인간관계는 언제나 상대적이다. 내가 행복해야 남이 행복한 것이고, 내가 먼저 마음을 열어야 상대방이 마음의 문을 여는 것이다.

모든 것은 마음에서 나온다. 마음과 마음이 만나지 못하면 진정한 인간관계는 이루어질 수 없다. 상대방의 마음을 여는 것은 나의 마음이다. 마음은 마음으로 열 수 있다. 그런데 어떤 사람은 물질로 마음을 열려고 한다. 마음을 여는 기술이 다양하게 소개되고 있지만 자칫 이 방법으로만 전달되면 오히려 마음이 닫힐 수 있다. 흔히 사용하는 미소와 질문과 인사는 기술적인 면이다. 그것보다 먼저 선결되어야 하는 것은 나의 마음이다. 나의 마음상태가, 곧 상대방의 마음을 여는 중요한 열쇠다. 나의 마음이 바르지 못하면 아무리 다른 방법들을 사용한다 해도 큰 효과가 없다.

그렇다면 어떻게 내 마음 관리를 잘할 수 있는가? 다음의 원칙을 잘 훈련하여 자신의 마음을 관리하면 상대방의 마음을 열 수 있다. 이것은 평소 사람에 대해 어떤 자세를 가지느냐에 따라 달라진다. 사람의 마음은 갑자기 만들어질 수 없다. 갑자기 하려면 어색하고 가식적으로 보이기에 오히려 역효과가 날 수 있다. 나의 마음을 지금부터라도 이같이 가꾸어 보자.

- 첫   째 – 잘될 것이라는 긍정적인 마음을 갖는다.
- 둘   째 – 미래지향적인 마음을 갖는다.
- 셋   째 – 마음을 말로 표현한다.
- 넷   째 – 마음의 문을 크게 연다.
- 다섯째 – 마음으로 상대방의 마음을 판단하지 않는다.
- 여섯째 – 상대방을 존중하는 마음을 갖는다.
- 일곱째 – 상대방을 나보다 낮게 여기는 겸손한 마음을 갖는다.
- 여덟째 – 항상 선한 마음을 갖는다.
- 아홉째 – 주변 사람에 대해서 항상 감사하는 마음을 갖는다.

# 솔직함으로 교감하라

인간관계는 교감을 통해서 이루어진다. 상대방과 교감이 이루어지려면 상대방에 대해서 알아야 한다. 이것을 위해서 인간관계의 유형을 미리 알아두면 도움이 된다. 자기 공개와 피드백의 측면에서 우리의 인간관계를 진단해 볼 수 있는 방법이 '조해리의 창(Johari's window)'이다. 이 자료는 인간관계에서 다른 사람들이 나를 어떻게 느끼고 있는지 아는데 도움이 된다.

'조해리의 창'은 심리학자인 조지프 루프트(Joseph Luft)와 해리 잉검(Harry Ingham)에 의해서 개발되었으며, 두 사람의 이름을 합성하여 조해리(Joe + Harry = Johari)의 창이라고 명명되었다. '조해리의 창'은 개인의 자기 공개와 피드백의 특성을 보여주는 인간관계의 네 개의 영역으로 구분된다. 네 영역은 공개적 영역, 맹목의 영역, 숨겨진 영역, 미지의 영역으로 나누어진다. 이것을 통해 나와 상대방이 공감하는 영역을 찾아 그 부분에 집중하면 상대방과 교

피드백 받은 정도

|  | 자신이 아는 | 자신이 모르는 |  |
|---|---|---|---|
| 남이 아는 | OPEN AREA (공개적 영역) | BLIND AREA (맹목의 영역) | |
| 남이 모르는 | HIDDEN AREA (숨겨진 영역) | UNKNOWN AREA (미지의 영역) | |

자기 공개의 정도

감을 이룰 수 있다는 것이다.

대인관계가 잘 이루어지려면 나도 알고 상대방도 알고 있는 공개적인 영역을 넓혀야 한다. 공감은 이런 공감할 수 있는 영역이 있을 때 잘 이루어진다. 상대방의 마음의 문을 열려면 먼저 내 마음의 문을 열어야 한다. 즉 상대방의 마음의 문을 열려면 먼저 자기 공개가 되어야 한다.

자기 공개는 자기 생각과 감정을 그대로 말하는 것이다. 물론 자기 공개가 늘 좋은 것은 아니다. 자기 공개를 안 하는 것도 문제지만 낯선 사람에게 자기 공개를 너무 과도하게 하면 오히려 부정적인 이미지를 줄 수 있다. 사람에 따라 적절하게 자기 공개를 하는 것이 좋다. 보통 사람들이 알고 있는 객관적인 자료를 중심으로 공개하는 것도 한 방법이다. 다른 사람은 다 알고 있는데 나만 알지 못하면 소외감이 생기면서 상대방이 마음을 잘 열지 않는다. 자기

317

공개의 내용들은 자기의 약점이나 실수담, 특이한 습관과 알려지지 않는 비밀, 에피소드 등이 있다. 인간적인 갈등이나 고민을 이야기하면 친밀감을 형성하게 된다. 사람들은 완벽한 사람보다 늘 2% 부족한 사람을 좋아한다.

하나님께 이 책을 바친다.

# 크리스천의 인간관계

**초판 1쇄 발행** 2015년 9월 10일
**초판 2쇄 발행** 2016년 10월 20일

**지은이** 이대희
**펴낸이** 인창수
**펴낸곳** 태인문화사
**신고번호** 제10-962호(1994년 4월 12일)
**주소** 서울시 마포구 독막로 28길 34
**전화** 02-704-5736
**팩스** 02-324-5736
**이메일** taeinbooks@naver.com

ⓒ이대희

ISBN 978-89-85817-52-3 03230

책값은 뒤표지에 있습니다.